也许微乎其微，
但我们正在改变世界！

THE ROAD TO THE CONSTRUCTION OF

HIGH QUALITY

CHARACTERISTIC TOWN

迈向高质量特色小镇建设之路

张晓欢 著

图书在版编目（CIP）数据

迈向高质量特色小镇建设之路 / 张晓欢著. —北京：中国发展出版社，2018. 8

ISBN 978-7-5177-0896-4

Ⅰ. ①迈… Ⅱ. ①张… Ⅲ. ①小城镇—城市建设—研究—中国 Ⅳ. ①F299.21

中国版本图书馆CIP数据核字（2018）第190470号

书　　名：迈向高质量特色小镇建设之路
著作责任者：张晓欢
出版发行：中国发展出版社
（北京市西城区百万庄大街16号8层　100037）
标准书号：ISBN 978-7-5177-0896-4
经　销　者：各地新华书店
印　刷　者：三河市东方印刷有限公司
开　　本：720mm×960mm　1/16
印　　张：14.75
字　　数：168千字
版　　次：2018年8月第1版
印　　次：2018年8月第1次印刷
定　　价：88.00元

联系电话：（010）68990646　68990692
购书热线：（010）68990682　68990686
网络订购：http：//zgfzcbs.tmall.com
网购电话：（010）68990639　88333349
本社网址：http：//www.develpress.com.cn
电子邮件：cheerfulreading@sina.com

序

构建以产业创新平台为核心的特色小镇政策体系

特色小镇是城市和区域发展的一种经济地理现象，也是一种新型的生产要素构和业态重塑现象，这引起了党和国家的高度重视，也掀起了一股相关学术研究热潮。当前，我国已经进入高质量发展阶段，如何推进新时代特色小镇高质量发展自然也成为当前热点问题。

2017年12月，国家出台了《关于规范推进特色小镇建设的指导意见》，明确指出了以产业建镇为核心的发展建议和政策举措。某种程度上，既是对2015年以来我国特色小镇建设的回顾总结，也是对特色小镇建设的展望和纠偏。但一些地方政府和企业出现了唱衰特色小镇的现象，这略显矫枉过正。

事实上，特色小镇建设本身不会因为一些地方政府和企业的追捧而出现超乎寻常的跨越式发展，也不会因为一些地方政府和企业的唱衰而停滞不前。因为，特色小镇本身是随着城镇化发展而产生的一种新型产业组织形式，是因为一些特色产业需求而产生的特色人才、资金、资源要素的集聚，是一种新型的产业社区，也是一种新型的产业社群，只要有市场需求存在，总会在一定的政策条件下产生新的业态供给。

从供给侧结构性改革来审视特色小镇建设与发展，就会产生不一样的思维图景和政策建议。特色小镇建设与推进我国新型城镇化高质量发展直接相关，也是美好生活新空间、产业升级转型新平台和创新创业新天地，更是多种新型城镇化供给侧结构性改革的新试验田。实践证明，特色小镇已经为我国新型城镇化建设和产业创新作出了巨大贡献，也是新时代乡村振兴、全面建成小康社会、促进创新创业、促进一、二、三产业深度融合等多项国家战略和政策的重要抓手。

本书从特色小镇建设的经济理论基础入手，将特色小镇建设视为信息化背景下城镇化空间演变的一种显现，结合国内外特色小镇建设的经验，搭建以“产业、城镇、人文、社区”为“四梁八柱”的建设框架，努力构建以产业创新平台为核心的政策体系，以求为国家特色小镇政策制定、地方特色小镇建设任务设计、投资主体与居民参与特色小镇建设的方式、方法提供必要的决策参考。

未来，要确保特色小镇建设政策不走偏，必须做好三个坚持。一是坚持产业为核心，一切政策设计和资源搭配必须以构建具有根植性、集群性和可持续性的高端产业或产业的高端方向为核心，犹如培育参天大树的树干，也如器官组织的干细胞，开花、结果很重要，但开花的树干培育更重要，皮之不存毛将焉附，开花是树干生根壮大的必然结果。二是坚持企业为主体，政府的职责是做好必要的基础设施和服务工作，不是以投资收益为目的参与项目具体运作，作为小镇的运营主体企业，必须是大中型企业，而不是所谓的整合资源的企业，或者仅仅以特殊项目公司名义成立的企业，因为没有实力的企业难以承受投资大、见效慢、周期长的特色小镇建设带来的资金压力。三是坚持创建制，杜绝命名制，特色小镇建设要坚持事后奖补，而不是命名后就直接给予资金支持，特色小镇建设的烂尾工程大多都是事前奖补造成的，特色小镇的概念项目基本都是事前奖补造成的，因为事前奖补直接带了“空手套白狼”的巨大寻租和套利空间，那些“纸上画画墙上挂挂”未曾开工的小镇建设基本都是由于“忽悠政策资金或土地失败”。

要确保特色小镇建设项目顺利进行，必须处理好四个关系。一是特色小镇选址必须处理好与周边城市尤其是大城市的关系。特色小镇本身与周边城市的关系是功能互补，还是产业外移；是配套服务，还是引领未来，这都要根据小镇区位进行详细谋划，小镇建设万不可以走孤立型发展道路，必须能够与周边城镇产生良好互动才可以长久，建议多选择大都市郊区，尤其是中西部省份大多处于以省会城市为单独增长极的发展阶段，不建议在非省会城市周边随意设计特色小镇。二是特色小镇建设必须处理好与房地产的关系。以房地产为核心目的或终极目的的小镇建设往往会因为没有产业而裹足不前，因为房地产难以及时变现而停止投资，因为房地产失败而留下烂尾工程，并彻底阻断了小镇本应发展的产业道路。披着小镇产业运营外衣的房地产开发商带来的建设危害将是长期的，因此对完全以房地产开发为目的的企业要严格限制。同时，也不能以杜绝房地产为借口，将房地产运营和产业运营彻底割裂开来，让真正做产业运营的小镇投资主体难以享受房地产增值带来的收益，而让那些房地产开发商成为“坐收渔翁之利”的“食利团体”，可以以产业运营效果为评价标准，尝试预留一部分房地产开发项目给真正做产业的投资主体，算作一定的奖补，其前提是产业运营有了显著效果和突出贡献。三是处理好小镇建设中城市功能和产业功能的互动关系。小镇产业功能是核心主轴，城市功能是外围辅助，建议以产业功能带动城市功能，而不是相反，因为以辅助功能带动产业功能的路径容易形成重资产投资，并且浪费的可能性极大。产业功能不能是低端的传统产业再造，也不能是没有较强产业关联性和带动性的一般产业，而是要选择相对高端的产业，或是传统产业高端方向上的产业，小镇产业不能只强调“特”，也要强调“强”，这个强不仅是要求有前景，也要强调看得见的实力，一般不建议选择没有成功集群案例的产业，尤其是所谓的全球首次突破或全球独此一家的新兴产业。四是处理好产业资本和金融资本的关系。以培育产业为核心的资本值得大力鼓励，以金融操作变现为核心的资本值得警惕，以政府买单的工程项目为核心的资本运作要严加限制。产业资本的运作容易做到两个集聚，即人口集聚和产业集聚。为汇聚小镇建设资金，不排斥适当的资本市场运作，但必须警惕过度负债经营和等待上市融资来缓解资本压力的运作方式，这很容易导致类似于“印象刘三姐”项目式的溃败。以政府买单的工程项目为核心的资本运作，往往是以大型央企或国企投资为幌子，事实上是将给地方政府积累新债务的“包工头”重现江湖。一些所谓的“小镇投资联合体”包装出的本没有任何产业基础的特色小镇项目往往要求政府推进基础设施建设，并要求所谓的央企、国企来承包相关工程，对这种特色小镇建设的“忽悠团队”必须提高警惕，这些“套路”的核心目标是开发房地产或政府买单的基建项目工程款。

总之，构建以产业创新平台为核心的特色小镇政策体系，必须坚持以促进产业集聚为核心，以实力企业为主体市场化运营，以宽进严出的创建制为基本治理手段，并处理好特色小镇与周边城市和区域发展的关系，处理好特色小镇和房地产发展的关系，处理好小镇产业功能和城市功能的关系，处理好特色小镇产业资本和金融资本的关系，争取将特色小镇打造成为新时代产业创新新平台和美好生活新空间，为乡村振兴和城市经济社会转型做出应有贡献。

目 录

第一章

特色小镇建设的经济理论基础

随着社会、经济的发展，城市与区域经济发展理论解释逐渐深入，构建模型的侧重点也在不断变化。新古典增长理论和新增长理论，均是按照长期经济增长决定于总供给的思路来建立模型的，即将总供给设为被解释变量，然后找出能对之进行解释的影响因素，并建立联系进行静态或动态分析。

而对城市与区域经济增长的分析，则逐步从空间视角进行探索，从空间（位置）之间的运输成本、空间集聚作用及空间的资源禀赋等方面入手，探讨经济地理空间关联效用及其作用机制。新经济地理学、区域科学和空间经济学的发展意味着，在尝试跳出“萨伊定律”前提假定，从空间作用视角探讨城市与区域增长的持续动力机制和差异决定因素。

若从空间视角来看特色小镇，中心地服务的等级性、城市空间知识与经济增长要素的溢出性、城镇空间的核心边缘性、市场机制作用下的时空修复性等均具有一定的现象解释力和未来预测力。特色小镇本身是城市与区域经济空间的修复与再造，既是一种新型的空间经济集聚形态，也是一种新型的产业增长极的涌现与成长；既是一种新型的产业创新平台，也是一种新型的产业社区，其社群效应会因产业和空间区位差异而有所不同。

第一章　特色小镇建设的经济理论基础

特色小镇是城市和区域经济发展的一种经济地理现象。不同学者从不同视角对这种经济地理现象进行了多种解释。这些解释有的侧重于产业增长，有的侧重于地理集聚，有的侧重于人口迁移，有的侧重于经济共生。事实上，这些解释主要源于几个具有代表性的城市与区域经济增长理论模型。下面，我们将对在本书中有可能涉及到的经济增长模型进行简要回顾，以期对新计量经济模型的构建提供有益借鉴。

对经济增长路径进行解释的理论有很多，但从区域经济和城市发展视角看，可分为三类：一是外生增长理论（新古典增长理论）；二是内生增长理论（新增长理论）；三是空间经济学，新经济地理学Krugman（1991，1995，2000，2001）是其研究的代表。在外生增长理论中，其中一个代表性尝试由Solo（1956）作出，其基本假设是技术为外生变量且人均资本收益递减，在缺乏技术进步和人口增长时人均产出收敛于一个稳定水平。显然，外生增长理论中，外生技术变化和不同国家技术机会均等。假设在科技迅速发展和存在明显垄断特征的今天，会轻而易举地受到挑战。对该假设的拓展，便成为推进经济增长理论的先决条件。

内生经济增长理论或新增长理论便应运而生，该理论认为经济增长来源于内生性因素。研究假设的基础是长期报酬递增，认为知识（资本品）是具有边际产品递增性，增长率建立在内源性的人力资本积累技术变革上，甚至中间性投入的内生性也可以解释经济增长（Romer，1986a，1986b，1989，1994；Lucas，1988，1994；Grossman and Helpman，1989；Aghion and Howitt，1990；Xiaokai Yang and Jeff Borland，1991）。还有一些研究将制度变革也纳入了内生增长理论体系（Douglass C. North，1968；John N. Drobak and John V. C. Nye，2003）。

经济增长驱动因素的内生性假设对经济增长机制进行了更深入地探索，但上述两种理论对区域经济增长与差异的解释基本都锁定在资本、劳动力、技术和制度四个方面。而我们都知道，空间因素在区域经济发展中具有十分重要的作用。因此，以Krugman（2000，2001）为代表的一批新经济地理学者，在经济增长分析模型中引入了空间因素，从而对区域经济发展中的集聚与扩散展开了大量研究，对区域经济集聚与扩散的解释实际上也可以看作是对区域经济发展差异的解释，还可以看作是对区域经济发展均衡与否的解释。值得注意的是，空间因素的加入与传统经济学中变量因素的加入存在本质上的区别，它不仅是因素变量的扩充，也是内生性研究的拓展，更重要的是研究视角的变化，或者说是研究思想的变化。加入空间因素的经济学主要是研究空间集聚的影响因素，尤其是阐述了运输成本、收益递增和关联效应对空间集聚的作用[1]。

因此，经济学研究加入空间因素后，主要解释经济社会活动在空间区位（非流动要素）上的集聚与扩散（可流动要素），是以空间位

[1] 梁琦：《空间经济学：过去、现在与未来》，《经济学季刊》，2005年第4卷第4期。

置（区位）为核心的研究[1]。下面，我们仅就与空间经济学最为密切的五个代表性的理论模型进行回顾，主要包括中心地理论、循环累计因果理论、经济基础模型、新经济地理学的中心外围模型，这些理论已成为城市与区域经济空间形态变化的理论基石。

一、中心地理论

如果说有一种理论，对经济社会活动数量、规模和在城市体系中的位置（布局）作出了开拓性尝试，那就应该属于中心地理论（Central Place Theory）[2]。也许有人会说，应该属于杜能（Von Thunen，1826）的农业区位论，没错，提到中心地理论就不得不对杜能的农业区位论和韦伯的工业区位论进行阐述，因为这三个理论其实均是对人类社会活动空间布局现象的描述，并对背后原因进行深度分析，他们均属于是经济地理学的主要传统之一[3]。

杜能的农业区位论产生于其名著《关于农业和国民经济的孤立国》，简称《孤立国》。该书出版于19世纪初（1826）普鲁士进行农业体制改革时期，其目的是为探索农业经营方式和农业空间配置组合规律。该理论有六个重要假设前提：肥沃的平原中央只有一个城市；不存在可用于航运的河流与运河，马车是唯一的交通工具；土质条件一样，任何地点都可以耕作；距城市40英里之外是荒野，与其他地区

[1] 关于空间位置和空间区位的区别，目前尚无明确统一的权威性分辨，但大多认为空间位置仅仅是地理空间上的位置，而区位不仅包含了空间位置的含义，还包括了空间位置上的相关特征，本文中的论述对此并不作区分，均视为地理空间位置。

[2] Goodall, B. (1987) The Penguin Dictionary of Human Geography. London: Penguin

[3] Paul Krugman, Development, Geography, and Economic Theory, Massachusetts Institute of Technology, 1995

隔绝；人工产品供应仅来源于中央城市，而城市的食物供给则仅来源于周围平原；矿山和食盐坑都在城市附近。此六个假设前提的设定，事实上是将土质条件、土地肥力、河流等影响因素排除在外，并将区域外的经济活动对本区域经济社会活动的影响也排除在外，而只探讨一个要素（即市场距离）对农业经营及其空间布局的作用。杜能给出的一般地租收入公式如下：

$$R=PQ-CQ-KtQ=(P-C-Kt)\ Q$$

式中：R是地租收入；P是农产品的市场价格；C是农产品的生产费；Q是农产品的生产量（等同于销售量）；K是距城市（市场）的距离；t是农产品的运费率。而且，运费与距离及重量成比例，运费率因作物不同而不同，农产品的生产活动是追求地租收入最大的理性活动。

据此，杜能给出了农业区位的“杜能环”（如图1.1）。杜能的农业区位论，实际上阐述的是空间距离对农业集约化经营的影响，并由此形成的空间结构。后来的区位论，尤其是城市地域结构研究的相关

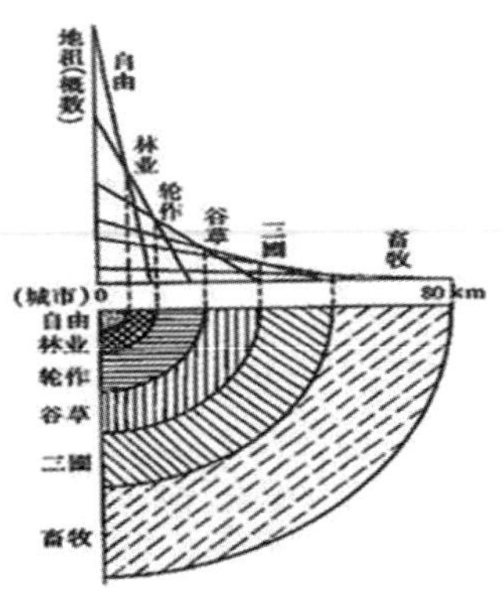

图 1.1　农业区位论中的“杜能环”

资料来源：李小建：《经济地理学》，高等教育出版社1999年版。

理论均是以此为出发点。如20世纪60年代，阿隆索（Alonso，1964）用变量通勤者（Commuters）替代变量农民，用中央商业区（CBD）替代“孤立国”——城市，围绕竞争地租曲线和土地利用形式，为模型赋予了新涵义，该“单中心城市模型”同样也产生了同心圆结果。

19世纪末，资本主义发展到帝国主义阶段，工业企业竞争日益加剧。工业区位选择在资本主义经济竞争中日益显示出其重要性，德国经济学家韦伯（Alfred Weber，1909）开创性地提出了工业区位论。韦伯工业区位论实际上应该理解为生产性企业（或者制造业企业）的位置选择研究，主要强调的是生产性企业费用的节约，企业为节约费用而选择位置的重要影响因素有三个：运输费用、劳动力费用和聚集作用。其假设条件为：分析的地域单元具有统一的气候、地形、民族、技术及政治环境等；研究区域中具有便在性原料和偏在性原料分布；劳动力工资存在地区差异，但劳动力供给充足且工资保持不变；消费量和消费地点均已知；运费受重量和距离共同影响。这些假设实际上是以生产企业为中心，将其供给要素（原料，物质原料和劳动力）和产品销售（消费量和消费市场地点）环节假设为已知，从而看其生产位置选择。

运输费用包括将原料送进生产地和将产出产品送往销售地，由于物质原料的遍在性、偏在性和失重性与否对运输费用具有显著作用，因此运费首先要考虑原料的性质。物质原料与劳动力（可以视为非物质原料）经常具有非重合性，因此要权衡物质原料地和劳动力所在地对距离费用的作用。企业聚集在一起可以产生两个重要作用，一是企业内部规模经济有可能产生，从而节省了成本，减小了费用；二是如果企业聚集能处于其提供原料或能够买其产品的企业邻近处，就会消减其在供给要素获取或（和）产品销售中的因距离产生的费用，因此生产性企业会再次权衡其位置选择。

可以看出，韦伯工业区位论主要是从生产性企业的微观成本视角对工业企业区位进行探析，某种程度上还属于单因素静态分析，但其探析为我们深刻理解工业区位及城市规模和体系的形成具有重要指导和启发意义。此后，德国经济学家A. 廖什（A.Lsch）1940年发表《经济的空间秩序》，形成了各种学派的动态区位论，主要的代表者有运输费用学派的E.M.胡佛、市场学派的廖什和区域科学学派的W.伊萨德、行为学派的A.R.普雷德等。

随着资本主义经济的发展，经济活动开始在城市地域加速集聚，城市经济在社会经济活动中的地位日益显著，尤其是围绕城市中心的经济活动表现出了明显的集聚和层级特征，这引起了相关学者的注意。因此，中心地理论 [由德国地理学家 Walter Christaller 1933年所创立，德国经济学家廖士于1940年也同样提出了这一概念] 便应运而生。正因为中心地理论产生的背景和探讨问题的重点与农业区位论和工业区位论的不同，我们才认为中心地理论是真正开始对经济社会活动在城市体系中布局的探讨。

中心地（Central Place）是区域的经济社会活动中心点，是相对于周围地区而言的，中心地为其周围地区（尤其是农村地区）提供各种商品和服务的地方。中心地为其周围地区提供各种商品和服务的数量体现着其中心性，即中心性地的相对重要性。中心性一般可用下式表示[1]：

$$C=B_1-B_2$$

[1] 李小建：《经济地理学》，高等教育出版社1999年版。

式中：

C 代表中心地的中心性；B_1代表中心地供给中心商品的总量；B_2代表中心地供给中心地自身的中心商品的数量。

从上式可知，中心性即中心地供给自身中心商品后的剩余，也即从中心地供给其周围区域的中心商品的数量。值得注意的是，这个中心性的公式与后面提到的“基础—乘数”模型某种程度上具有异曲同工之妙，均表达了向本地之外提供商品的能力，体现了本地经济发展的重要性和活力。

反映中心地重要性的指标除了提供服务的数量外，还包括服务的地域范围。中心地提供商品和服务的范围同样也受到距离因素的影响，也正是由于距离会产生交易成本，所以形成了中心地的等级体系。但克里斯泰勒对中心地的等级体系形成的分解为三个原则模型：市场原则模型（如图1.2），力求使各级中心地最为方便地提供货物和服务；交通原则模型（如图1.3），力求使各级中心地之间距离最短；行政原则模型（如图1.4），有利于行政管理的角度。该理论还指出，高级中心地一般会按交通原则布局，中级中心地布局行政原则作用较大，低级中心地的布局用市场原则解释较合理。

总之，克里斯塔勒的中心地理论在1933年提出之后，德国经济学家廖什于1940年发表了《经济空间秩序》一书，提出了极其相似的中心地模型，虽然假设和推导方法上存在着较大的差异。中心地理论与韦伯工业区位论的显著区别在于两个方面，一是前者着眼于整体空间规律的探索，而后者重点着眼于个体决策行为对个体区位选择的影响；二是前者弱化了集聚经济或规模经济的作用，而后者强调了经济集聚和规模经济作用，并分析了运输成本在其中扮演的角色。

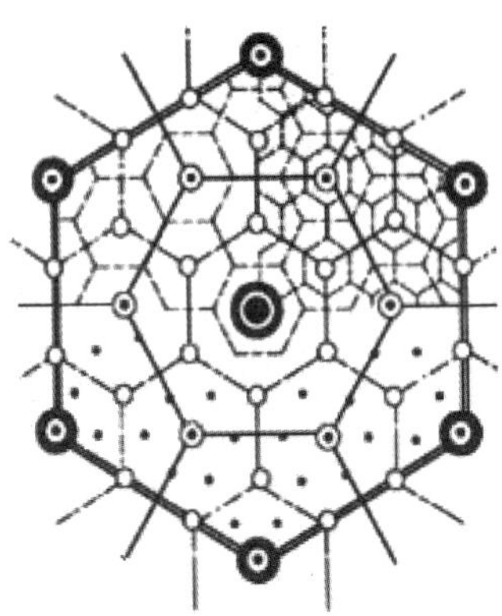

图 1.2　市场原则下的中心地模型 / 系统

资料来源：李小建：《经济地理学》，高等教育出版社1999年版。

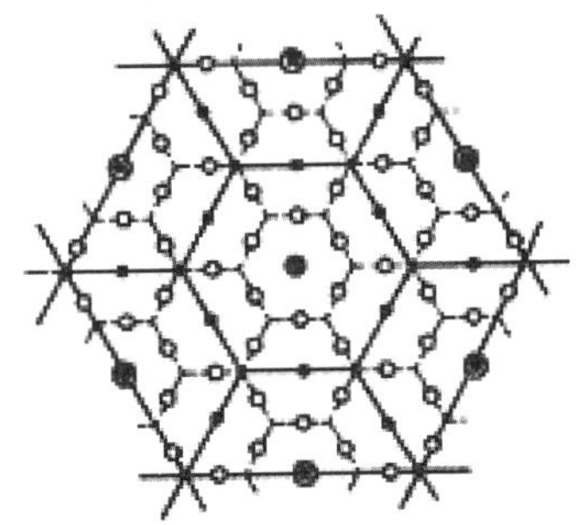

图 1.3　交通原则下的中心地模型 / 系统

资料来源：李小建：《经济地理学》，高等教育出版社1999年版。

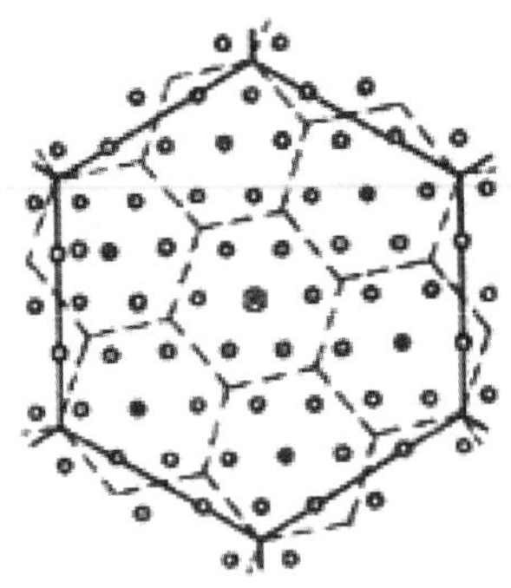

图 1.4　行政原则下的中心地模型 / 系统

资料来源：李小建：《经济地理学》，高等教育出版社1999年版。

二、经济外部性理论

其实，中心地理论中对规模经济和运输成本权衡机制解释的模糊，很大程度上可能要源于对规模经济认识上存在的不足。狭义的规模经济，一般是指产业内规模报酬经济性，即由于企业内部规模扩充导致固定成本比重降低而产生的规模经济，或者是指产业内上下游之间由于集聚在一起而产生的投入要素或产出产品在运输费用上的节约，从而出现的规模经济。广义的规模经济，可能不仅包括上述两种规模经济还包括同类或不同种类产业聚集在一起由于知识、技术、或资本的溢出效应而产生的外部经济，或者叫作市场经济的外部性（external economies）。外部经济一词是马歇尔首先提出的，马歇尔提出的外部经济围绕经济的空间集聚主要从三个方面进行了解释：地理集中能产生专业化的供应商；同行厂商集聚在一起容易产生一个劳动力池（labor pool），不仅劳动力会在当地有更多选择工作的机会，而且厂商也较容易在当地雇佣到熟练的劳动力；地理上的接近有利于信息的传播。马歇尔的经济外部性，虽然受到市场规模或市场准入效应的制约，也没能形成明晰的经济学模型，但是该理论已经将整个经济视为经济体系来对待，即将城市与区域经济发展的互动从更宽泛的空间尺度来考察。

而围绕经济的外部性，建立其城市体系模型的一个经典之作，便是亨德森（1974，1980，1988）的城市规模与效用模型。该模型的基本观点是，在外部经济和不经济之间存在一种权衡，外部经济与产业集中有关，尤其是产业间存在溢出效应的产业集中，而不经济与城市规模有关，城市规模过大会增加往返费用等成本。因此，外部经济和不经济之间产生一个净效应，城市规模与各典型居民的效用之间存在一个倒“U”形关系，如图1.5所示。

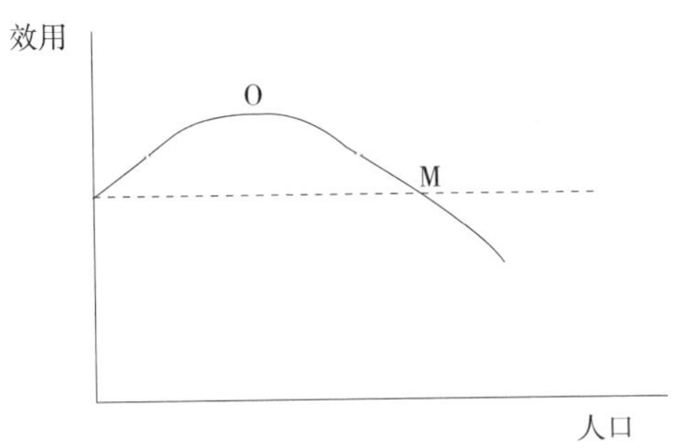

图 1.5　城市规模与效用

亨德森城市规模与效应模型，在对外部性解释的缺陷在于并没有将城市内部结构进行模型化。其外部性研究假设外部经济仅存在于中央商业区，而且其研究的是单中心的城市模型，这对于多中心城市现状存在较大差距。为此，藤田和小川（Fujita and Ogawa，1982）做出了新贡献。他们假设生产商之间的外部经济随距离增加而减少，工人必须往返于生存空间和商业区之间，这就形成了将就业引向商业区的向心力和劳动力生产空间能提供廉价劳动力的离心力，在离心力和向心力的较量中，多中心城市结构得以产生，但该模型在刻画城市均衡特征方面依然存在较大难题。然而，其对城市经济外部性的研究显然起到了巨大推动作用。

与外部经济性极为密切相关理论中，除了规模经济、亨德森城市规模与效应理论外，其实还有一个值得注意的理论，那就是空间依赖理论，或叫作空间相互作用理论。依赖是指事物的存在和变化是以另一个事物的存在和变化为前提的关系。早期的依赖理论在经济分析中的应用，主要是分析发达资本主义国家和落后第三世界国家之间的依赖关系，认为以资本主义国家为主导的世界体系是世界经济体系形成了中心和外围结构，落后国家处于外围地位，落后国家对资本主义国家的依赖是其落后的根源。后来一些学者发现，这种认识具有片面性，因为资本主义国家和落后的第三世界国家之间其实是相互依赖的。布鲁克菲尔德（H.Brookfiel，1975）在《相互依赖的发展》一书中指出，发达国家的经济发展不仅依赖于自身资源和资本密集的技术，而且也依赖于不发达国家的资源、劳动力和消费市场。落后国家的发展也越来越依赖于发达国家的资源和资本。但相互依赖在短期内，对不同国家和地区可能会产生不同的结果，这个结果可能是正向影响，也可能是负向影响，也可能是二者并存，这十分类似与区域发展中回波效应和扩散效应并存状态。

不同国家和地区之间之所以存在相互依赖，主要在于区域之间发生了各种要素的流动，比如商品交换、技术和信息交流、劳动力迁移以及资本往来等。当然还包括看不见的空间依赖因素，比如文化、风俗习惯、制度等潜移默化的力量。如果空间相互作用较强，那么经济外部性的表现就会比较明显，否则经济外部性的表现就会比较微弱。一般情况下，影响经济空间相互作用的因素主要有，区域之间的互补性；区域之间的可达性，空间相互作用一般交通联系的紧密性而增加，随距离增加而递减；区域之间政治、行政、文化和社会等方面障碍以及其他不可预知干扰[1]。

---

[1] 李小建：《经济地理学》，高等教育出版社1999年版。

三、循环累积因果理论

在对城市规模经济和外部性作出解释的文献中，循环累积因果理论（缪尔达尔，Gunnar Myrdal，1957）是一个必须要提到的理论。最初，循环累积因果理论是用来解释美国黑人的社会经济条件的，该理论认为拒绝为黑人提供正规教育、职业教育以及在就业和住房等方面的歧视，最终将会对整个美国社会造成损失。因为，缪尔达尔把社会经济制度看成是一个不断演进的过程，该过程中技术、社会、经济、政治、文化等方面的因素是相互联系、相互影响和互为因果的。如果这些因素中的某一个发生了变化，就会引起另一个相关因素也发生变化，后者的变化会反过来推动初始变化因素继续变化，并会强化初始因素变化所确定的轨迹方向。因此，社会经济活动的各个因素之间的关系不是简单的循环，而是具有累积效应的循环。累积循环的结果是形成了区域经济单元的二元结构特征，也就是说区域经济自我发展的结果是趋向于非均衡性，相关区域间会出现回流效应和扩散效应，从而易形成“富者越富”或“贫者越贫”的良性循环或恶性循环。卡尔多（N.Kaldor）对发达区域的经济增长研究，在发达地区因集聚经济使规模报酬递增，导致生产效率提高，进而使相对效率工资下降。而低相对效率工资又促使区域产出增长率上升，如此循环累积，发达区域会获得更快的经济增长速度。美国经济学家纳克斯（R.Nurkse）在1953年出版的《不发达国家的资本形成问题》一书中指出贫困恶性循环论中，他认为发展中国家的经济增长中有源于供给与需求的两个循环过程。供给方面的循环是，低收入—低储蓄能力—资本形成不足—低生产率—低收入……需求方面的循环是，低收入—低购买力—投资引诱小—资本缺乏—低生产率—低收入……这两个循环都是从低收入又回到低收入，不断地恶化，使经济长期陷入贫困状态。

但是，回流效应和扩散效应并非一成不变，而是会随着经济社会发展在适当的时间发生突变，比如较发达地区在发展到一定程度后，会由于人口、资源、环境等问题产生规模不经济，相关要素流动就会发生逆转，从而使其扩散效应逐渐显现，需要注意的是此种扩散效应也是循环累积的结果，并且缪尔达尔认为循环累积效应适中的极化效应一般总会在自由市场发展中占据上风。

与循环累计因果理论关系密切的一个理论是增长极理论，或者叫增长中心理论，增长极理论共同为区域经济增长的非均衡性作出了解释，并且也为空间经济的自我增殖效应作出了解释。增长极理论最初由佩鲁（Francois Perroux）提出，后来经布代维尔（J.B.Boudeville）（将增长极的经济空间概念拓展到地理空间）、弗里德曼（John. Frishman）（将中心—外围理论引入区域经济学，提出循环累积因果理论）、赫希曼（A.O.Hischman）（不平衡增长理论，提出了与“回流效应”和“扩散效应”相对应的“极化效应”和“涓滴效应”）分别在不同程度上给予丰富和发展。该理论的基本思想是经济活动在一个“增长极”（比如城市中心）的空间集聚要比经济活动分散或随机分布对区域经济表现提升的作用要大（Richardson，1978）。因为得益于高水平的人力资本存量、合格的熟练技术工人供给和增长中心交易的高效率等促进因素，“增长极”不仅能产生区位经济（集聚经济）、规模经济（范围经济），还能产生外部经济（知识溢出）。在具体发展中，如果该增长中心投资能吸引腹地劳动力迁移从而减少腹地人口，那么该中心就是集聚中心。如果该增长中心投资能在腹地创造就业并增加腹地人口，那么该中心就是扩散中心。

区域经济增长中的循环累积效应，以及本身体现出的扩散和回波效应，及其对规模经济的影响为我们研究城市经济发展的形态和增长规律提供了有益的参考。一是上述理论使我们知道，区域经济发展不仅要受到基期状况影响，因为存在循环累积因果效应，而且还要受到近邻地区发展的影响，因为区域发展会感受到近邻地区给本地带来的回波效应或扩散效应，也就是说本地区的发展可以感受到近邻地区发展的正效应，也可以感受到近邻地区发展带来的负效应，并且经济的集聚有可能会带来较好的增长效果；二是上述理论使我们知道，区域经济发展的影响因素有很多，如果想把影响因素化繁就简，从循环累积因果理论的视角的分析是一个不错的选择，比如深圳的发展，你可以列举出国家政策、产业结构、对外贸易、外商投资、金融服务、邻近香港、技术进步及商业文化等多种因素，但如果从循环累积因果效应的视角来看，我们就知道深圳在各种历史、地理、政治环境条件下，成为全国首批经济特区是良性循环累积因果的开始，如果继续处于闭关的状态，其他所有的因素都可以视之为零，因为其他所有表现出的经济、社会特征均是在深圳成为特区后逐渐循环累积发展而来的。

四、“基础—乘数”理论

“基础—乘数”模型，也称为经济基础模型，是区域增长中一个较为简单但对分析问题很有用的模型。依据该理论，所有的经济活动ET 被假定为两个部分，一个是基础经济活动（economic base），基础经济活动是用来满足区域外需求的经济活动，即该地区的出口基础（export base），该活动是区域经济赖以存在的理由，是其经济发展的基础；另一个是非基础经济活动（economic non base），这些活动包括生产当地消费的产品和服务的活动（Krilelas，1992），此类活动随基础活动的同趋势变化而变化：

$$E_T=E_B=E_{NB}$$

该模型强调区域出口行为是决定地方区域增长的主要因素，或者说出口是区域经济增长的主要源泉，其基本行为假设是非基础经济活动依赖于基础经济活动，外界对区域出口货物和服务的需求会对区域经济注入收入，从而会扩大当地对非出口产品和服务的需求，注入区域经济的收入和伴随的当地导向的非基础工业潜力均与出口基础部门收入成正比。

$$E_{NB}=f(E_B)=\alpha+\beta\times E_B$$

整个经济活动是基本经济活动的一个函数：

$$E_T=\alpha+(1+\beta)\times E_B$$

表达式（$1+\beta$）一般被称为经济基础乘数，参数β被称为经济基础率。该模型认为区域增长过程是被出口商品和服务到区域外的工业所引导的。它甚至提供了一个由区域外导致的基本经济活动的变化对整个经济活动影响的预测。在它的简化形式中，区域增长率可以被解释为区域出口行为的函数，例如：

$$y_i=f(x_i)$$

其中，y_i是区域i的产出增长率，x_i是区域i的出口增长率。关于区域经济发展的未来路径，该模型暗示只需要将注意力集中于基础工业的前景。这些为数不多的重要工业被称作“区域增长的发动机”。

这个理论的重要性在于它强调了区域经济开放的重要性以及国家或区域外需求状况的改变对区域增长的重要作用。然而经济基础模型还没有发展到承认许多影响区域增长的重要变量的潜在作用，比如自主投资和技术进步、区域间资本流动、劳动力迁移状况以及州（省）或当地税法的变化。因为这些重要的不能忽略的问题，许多区域科学家认为经该模型不能为区域经济和政策问题提供一个有用的分析框架。但“基础—乘数”模型也为后来的区域经济发展是否均衡及区域增长的动力来源等问题提供了有益思路。

“基础—乘数”模型也为区域经济发展趋同提供了理论证明。诺斯的基础经济模型，将区位理论引入了区域经济发展的分析之中，认为区域增长取决于区域对区域外部需求的反应，该反应促进了经济基础部门（即输出部门）和非基础部门的增长。随着区域经济的增长，经济发展也会逐渐多样化，区域输出也会日益多样化，而生产要素的流动将使生产趋于分散于各地，人均收入也会趋同。但其对区域趋同的解释存在着明显的局限性，仅单方面考虑了外部需求的作用，忽视了内部需求的作用，也忽视了区域的供给因素，而供给因素将对生产要素的区域流动性产生很大的影响，从而大大降低生产分散于各地的可能性。

而市场潜力模型，事实上可以作为对区域内部需求和对经济增长影响作用的有益补充。韦伯的工业区位论中，已经提到与市场消费地距离成本也是权衡工业区位的重要因素，因此在同等条件下，厂商更倾向于选择市场消费地作为其所在地。当然，这有个市场规模的限制，如果当地市场规模达不到一定的“门槛值”，厂商也不会考虑其为投资所在地。而对市场规模“门槛值”的测度，市场潜力函数

（market potential function）（哈里斯，1954）为我们提供了有益的帮助。该函数假设购买力与距离呈反向变化，所有其他地区j购买力的加权平均数是衡量某地i的市场潜力，其中权数是对应距离的倒数，函数表达式如下：

$$M_i = \sum_j \frac{1}{D_{ij}} P_j$$

其中，M_i是市场潜力，D_{ij}是地区i与地区j之间的距离，P_j是地区j购买力。

哈里斯在1954年用该模型对美国制造业和市场潜力之间的关系进行了确认，表明美国制造业和市场潜力高的地区往往是一致的，因此他认为生产集聚是自我强化的。这个发现与上述“基础—乘数”模型在对规模经济及需求的解释其实是一致的，因为规模经济的产生需要产业的集聚（带来产业关联效应）及产出销路的畅通，“基础—乘数”模型解释了外需对规模经济的影响，市场潜力模型解释了内需对规模经济的影响，但两者影响的结果是一样的，即在规模经济与运输成本权衡之后选择了在当地投入生产，并产生了持续的经济增长，厂商集中在接近市场的地区生产，厂商集中的地方规模经济性和市场准入性均较好，并且规模经济的作用在一定程度上抵消了向外出口增加的运输费用。虽然无法从数量上考察内需和外需究竟是谁在产业集聚和规模经济形成中起着主导性作用，但至少可以肯定的是，如果内需较大，能够满足外需的能力也较大的情况下，规模经济就会进入良性的循环累积状态。

为了更深入分析出口部门揭示的外需和市场潜力模型中解释的内需对区域中经济增长的作用，我们来作出两个假设。

第一，如果市场潜力模型中所衡量商品或服务与“基础—乘数”模型中所说的产品或服务是一致的，或者说是相同的，我们就可以说内需和外需共同促进了基础部门的增长。这个基础部门已经不仅满足内部需要，也满足外部需要，这个基础部门与“基础—乘数”模型中的基础部门涵义就出现了差异，但可以肯定的是，当地供给产品和服务的能力是是经济增长的保障，内需和外需均是区域经济增长的源泉，但要肯定出口部门对当地经济增长的发动机作用。

第二，如果市场潜力模型中所衡量的商品或服务与“基础—乘数”模型中所衡量的产品或服务是不一致的，或者说是非同质的，那么我们就可以说地方市场规模是服务于地方市场的厂商集聚与否的动力，感应外部市场规模是出口部门厂商集聚与否的重要动力。两者的合力促进了区域经济的良性发展，那么至于基础部门和为当地服务部门谁起主导作用就存在着诸多不确定性。基础部门规模经济效应超过了出口产生的运输费用，从而引起了集聚。非基础部门的市场规模和规模经济效应共同促进了厂商的集聚。

五、新经济地理学理论

在区域经济分析中，一个重要的突破便是新经济地理学理论。该理论主要是从现代企业区位选择的角度，从规模经济、外部性、集聚经济和运输成本等因素入手，来阐释区域经济非均衡增长的动力来源。克鲁格曼在他的中心—外围模型中，将经济活动集群现象归结为向心力和离心力的相互作用，区位因素取决于规模经济和运输成本的相互影响，其把外部规模经济和收益递增纳入区际贸易理论中，认为产业在空间上的分布不均匀是市场因素、规模收益递增及运输成本权衡的结果。以克鲁格曼为代表的新经济地理学，主要作出了三个方面的解释：首先是对产业集聚的解释，其次是对国际贸易的解释，最后是对城市集聚的解释，需要说明的是这三个解释不分先后，而且具有相互交叉性。鉴于本书的研究主题，本章仅打算对中心—外围模型（Core–Periphery，CP）和对城市集聚的解释进行简要的回顾。

新经济地理学最为经典的模型便是中心—外围模型（Core–Periphery，CP），它由克鲁格曼创立（Krugman，1991）。该模型与中心地理论、市场潜力函数（Harris，1954）、循环累积因果理论（Gunnar Myrdal，1957；Pred，1966）和市场外部性理论有着很深的渊源。某种程度上，正是在上述理论基础上才开始他在新经济地理学方面的探索。因为他认为市场潜力模型有助于工厂选址的决策，循环累积因果理论对经济增长的动态性做了很好的解释，中心地理论强调了规模经济与运输成本之间的权衡关系，市场外部性揭示了社会经济活动在城市体系中的空间关系，且均具有相对应的特色，但缺乏微观经济学基础，并未就市场究竟是如何运作的给出明确表述，最为重要的是他们均没有把城市间的空间关系模型化。

为解决微观经济学基础及城市空间关系的模型化问题，他采用了迪克西与斯蒂格利茨的垄断竞争假设，研究了单个厂商报酬递增、运输成本和要素流动等因素相互作用导致的集聚现象，建立了一般均衡分析框架，即两地区，两部门，两要素模型。该模型假设有两个区域，每个区域有两个部门，分别是完全竞争而规模报酬不变的农业部门和不完全竞争而规模报酬递增的制造业部门，生产要素均是“劳动力”，即农民和工人分别为两部门的投入要素，农民不具有流动性且在两区域间均匀分布，但工人可以在两区域间自由流动，农产品贸易无运输成本，但制造业产品贸易有正的运输成本。而经济在两地区的集聚不过是向心力和离心力综合作用的结果，农民及土地等要素的不可流动性和运输成本是离心力或发散力，产业的前向和后向联系（规模报酬）是向心力，经济的演化将可能会导致“中心—外围”结构，即制造业“中心”和农业“外围”，期间产品差异化、市场规模和运输成本均起着十分重要的作用，并且诸如运输成本、规模经济、可流动要素等的微小变化就会使经济发生倾斜或波动，并开始其循环累积因果效应，使得具有微弱优势不断积累的区域成为产业化的“中心”，而其他区域变为非产业化的“外围”，但能够形成中心外围结构并不意味着一定形成中心外围结构，且即便形成了中心外围结构能否维系下去也是不一定的。

随后，在上述两地区的静态模型基础上，克鲁格曼又对多区位模型中的动态过程进行了探索，并建立了模型，我们可以称之为多地区动态模型。他假定地区数（J）大于2，而且农业工人在地区之间均匀分布，其中每个地区的份额为1/J，并定义一个空间距离对称矩阵，各地区沿着一个圆圈均匀分布，而运输只能沿着圆周进行，而且相邻地区距离为1，地区为J=12。采用蒙特卡罗方法，令初始经济中制造业工人的数量服从随机分布，然后让其自由流动直至工人的分布收敛为止。实验的结果是，大部分情况下最后形成的两个中心基本处于圆周对称的位置上，但并不总是由在初始状态是具有较多劳动力的地区成为最后的中心，还与其所处近邻位置的空间属性值有关，一般是近邻位置相对较弱（初始状态具有较少劳动力）的情况下自身容易成为最后的中心，模型显示存在多重均衡，但可以看到中心地方在空间上大概等距离分布的系统性倾向。值得注意的是，在改变参数的情况下，出现了三种可能情况：一是产品差异不太大，厂商具有更大市场势力，而且均衡时规模经济更大，出现唯一城市；二是大的制造业份额，可能是由于产业关联加强了集聚的原因，也出现了唯一城市；三是更低的运输成本，建立多中心的激励要弱一些，运行结果也是只产生唯一的城市。

克鲁格曼对城市集聚现象的解释，不仅体现在上述“中心—外围”模型中，也体现在了专门解释城市体系的城市演化模型。将两地区“中心—外围”模型进行修改后就变成了城市演化模型，两地区假设变为均匀分布的区域空间，将所有工人被假定是完全同质的，并令其能够自由选择工作点和居住地，其他条件基本不变，以杜能的“孤立国”为出发点，令中心城市的形成具有前向和后向联系的关联作用，中心城市是制造业集聚地，被农业腹地包围，当人口逐渐增加时，农业腹地边缘与中心地的聚集就会逐渐增加，当达到某一临界值时，中心地的一些制造业就会迁往中心地之外，从而新的城市就会形成。如此，人口的进一步增加就会在适当的时间产生出新的城市。当城市数量足够多，城市规模和城市之间的距离在向心力和离心力的合力之下，就会趋于一个稳定的状态。如果经济中存在多个部门，加上运输成本的作用，城市等级结构就会逐渐形成。市场潜力决定了经济活动的区位，经济活动的区位重新布局又会对市场潜力产生新的影响。需要注意的是，城市演化模型中，还提到了港口和运输中心等自然地理因素对其产生的强大作用，甚至还包括一些政治、军事及其他偶然性事件因素。而一旦城市出现，自我增殖的优势就会发挥，并且构成城市初始发展的影响因素所起的作用会在城市未来发展中所占的地位逐渐减弱。

通过上述两个模型对城市集聚的解释，我们会发现，其主要揭示的是运输成本、收益递增、关联效应对空间集聚的作用。其核心思想主要表现在以下几个方面：第一，是偶然性因素及政治历史事件对城市形成具有重要的影响，但是克鲁格曼模型对城市集聚的解释是建立在对已知城市区域的基础之上的；第二，港口及运输中心往往会促进中心城市的形成，因为港口及运输中心不仅容易节约运输成本，而且还容易扩展其市场潜力函数；第三，城市空间关联性是城市自我增殖优势的主要来源；第四，规模经济会逐渐超过资源、气候等条件对城市集聚的作用；第五，锁定效应对城市集聚的影响逐渐增强，初始因素作用逐渐减弱；第六，城市规模体系与运输成本、人口增长、市场潜力、产业分工等因素密切相关。

值得注意的是，随着全球化与区域主义的发展，以新经济地理学和其他相关学科为基础的区域贸易、跨国跨区域投资和区域合作理论迅速发展，也为区域均衡和非均衡分析做出了重要贡献。同时，从新增长理论和新经济地理学的发展趋势看，研究领域正在不断拓展，一些经济学家如萨克斯、沃纳等正试图从地理因素、资源、气候、历史和文化等方面对经济持续健康增长的影响进行探索（Shuming Bao；Werner Z.Hirsch；Jeffery Sachs），而另外一些学者，也正在用空间经济学、空间计量经济学和相关统计软件对区域经济的增长与扩散进行探索（David L.Barkley，Mark S.Henry，and Shuming Bao，1996；Shuming Bao, 2010），这些研究正在不断丰富新增长理论和区域经济增长分析的内容，这也许正代表着区域经济增长理论研究的前进方向。

六、城市空间形态变化的理论解释

关于城市空间结构形态的基础性理论有很多，根据本研究需要，结合上述关于特色小镇增长经济理论，我们主要选取以下几个具有较强代表性的理论。

1. 中心地的服务等级性

中心地理论是由德国城市地理学家克里斯塔勒（W.Christaller）和德国经济学家廖什（A.Losch）分别于1933年和1940年提出的，20世纪50年代起开始流行于英语国家，之后传播到其他国家，被认为是21世纪人文地理学最重要的贡献之一，它是研究城市群和城市化的基础理论之一。中心地（Central Place），可以表述为向居住在它周围地域（尤指农村地域）的居民提供各种货物和服务的地方。

中心地具有等级性：中心地主要提供贸易、金融、手工业、行政、文化和精神服务。中心地提供的商品和服务的种类有高低等级之分。根据中心商品服务范围的大小可分为高级中心商品和低级中心商品。高级中心商品是指服务范围的上限和下限都大的中心商品。例如高档消费品、名牌服装、宝石等，而低级中心商品是商品服务范围的上限和下限都小的中心商品，例如小百货、副食品、蔬菜等。提供高级中心商品的中心地职能为高级中心地职能，反之为低级中心地职能。具有高级中心地职能布局的中心地为高级中心地，反之为低级中心地。低级中心地的特点是：数量多，分布广，服务范围小，提供的商品和服务档次低，种类少。高级中心地的特点是：数量少，服务范围广，提供的商品和服务种类多。在二者之间还存在一些中级中心地，其供应的商品和服务范围介于两者之间。居民的日常生活用品基本在低级中心地就可以满足，但要购买高级商品或高档次服务必须到中级或高级中心地才能满足。不同规模等级的中心地之间的分布秩序和空间结构是中心地理论研究的中心课题。

一个地点的中心性（centrality）或“中心度”可以理解为一个地点对围绕它周围地区的相对意义的总和。简单地说，是中心地所起的中心职能作用的大小。一般认为，城镇的人口规模不能用来测量城镇的中心性，因为城镇大多是多功能的，人口规模是一个城镇在区域中的地位的综合反映。

2. 城市空间扩散性

空间扩散性先广泛应用于技术的创新推广、文化和企业的扩张、市场和城市体系等研究中，后在迁移模型和聚落网络等方面也有发展。城市空间增长和结构变化是扩散过程的特殊类型，城市空间扩散理论主要讨论城市结构形态的空间形成过程。城市空间扩散主要是指创新源的扩散，即所有的科技或新知识都有一个起源的地点，从这个地点借着空间的交互作用，再传播到别的地方。像这种依循一定的媒介，透过时间，传播一种新事物的过程，就称为空间扩散。

空间扩散的速度和过程皆与交通革新有关，其型式可分为三类。一是扩张型扩散，是指资讯或物质自一个区域扩张到别的区域的过程。这种类型的扩散，会随着时间使接受者的人数迅速增加。二是移位型扩散，是指扩散源离开了源地而移到另一个地方的扩散过程。它和扩张型扩散不同，因为资讯的承载者会随着时间移动至不同的地区。三是混合型扩散，为综合前述两种扩散的类型，资讯承载者本身不只在朝一个特定的路径移动，并且使得接受资讯的人数越来越多。空间扩散是和空间相互作用，既有一定联系又有区别的一个概念。作为物质流、货币流或信息流，空间相互作用有相似之处。

3. 城市结构核心边缘性

这是由J.R.弗里德曼于1966年提出的理论，该理论的依据是经济发展具有阶段性，区域发展具有不平衡性。这一理论由两部分组成，一是空间经济增长的阶段，二是不同区域类型的划分。

弗里德曼认为，随着一国经济增长周期性地发生，经济空间转换随之出现，这样就产生了区域的不平衡，即产生了经济增长区域—核心区域和经济增长缓慢或停滞衰退的区域—边缘区域。他根据一个国家工业产值在国民生产总值中所占比重的不同，划分出空间经济增长的四个阶段，每个阶段都反映了核心和边缘区域之间关系的变化：①前工业阶段，工业产值比重小于10%。此时，经济发展水平的区域不平衡现象不显著。②过渡阶段，工业产值比重在10%~25%，此时，国内具有区位优势的地区表现出很高的增长速度，从而使核心—边缘的对比开始出现。③工业阶段，工业产值比重25%~50%。此时，边缘区域内部相对优越的部分出现了经济增长的高速度，国家规模上的核心—边缘结构逐步转变为多核结构。④后工业阶段，工业产值比重开始下降，工业活动逐步由城市向外扩散，特大城市区域内的边缘区域逐渐被特大城市的经济所同化，在职能上相互依存的城市体系产生，即形成大规模城市化区域。

通过对空间经济增长的分析，并根据经济及区位特征，弗里德曼对一些国家进行了区域类型的划分，以揭示区域不平衡的性质和程度。第一种类型是核心区域。第二种类型是向上的过渡区域，它不断受到核心区域的影响，具有向内移民、资源集约使用和经济持续增长等特征。这个区域有可能成为包含有新城市的、附属的或次一级的核心区域。第三种类型是资源型边缘区域，由于资源的发现和开发，经济出现了增长局面。与此同时，新的聚落、新的城市形成。这种区域也有可能发展发展成为次一级的核心区域。第四种类型是向下的过渡区域，这类区域曾经具有中等城市发展水平，但由于初级资源的消耗，以及某些工业部门的放弃，与核心区域的联系又不紧密，经济增长日渐放慢，甚至停滞衰退，趋于萧条。

简单来说，核心边缘理论用来解释城市空间相互作用和扩散是将城市空间划分为核心区和边缘区。核心区是社会地域组织的一个次系统，能产生和吸引大量的革新；边缘区是另一个次系统，与核心区相互依存，其发展方向主要取决于核心区。核心区和边缘区共同组成一个完整的空间系统。一个空间系统发展的动力是核心区产生大量革新（材料、技术、精神、体制等），这些革新从核心向外扩散，影响边缘区的经济活动、社会文化结构、权力组织和聚落类型。因此，连续不断地产生的革新，通过成功的结构转换作用于整个空间系统，促进国家的发展。

4. 时间—空间修复性

时间—空间修复性是地理学家哈维提出的，可以用来解释资本主义生产（可以称之为市场机制作用）中的空间理论。其主要的思路可以概括为，在资本主义发展中，为了资本积累的正常进行、无限进行，对既有的时间和空间关系需要重建，甚至进行破坏性重建，将既有的时空关系重建以后，以满足剩余资本的追逐利益的要求。在一定地域中，出现了资本和劳动力的盈余，表现为失业率上升，市场上没有卖掉的商品要亏本处理，闲置或者过剩的生产能力，货币资本缺少生产性和盈利性投资机会。这种盈余可能通过以下方式得到吸收: 通过投资长期资本项目或社会支持（如教育和科研）来进行时间转移，以推迟资本价值在未来重新进入流通领域的时间；通过在别处开发新的市场，以新的生产能力和新的资源、社会和劳动可能性来进行空间转移，或者是时间和空间上同时采取措施以吸收资本和劳动力的盈余。这种时间上的转移和空间上的转移就是所谓的空间修复。哈维指出，修复一词具有双重含义：一方面，整个资本的其中某一部分在一个相对较长的时期内（取决于其经济和物理寿命），以某种物理形式被完全固定在国土之中和国土之上。某些社会支出（比如公共教育或医疗保健体系）也通过国家投入而变得地域化，在地理上被固定下来。另一方面，时间—空间修复喻指一种通过时间推迟和地理扩张来解决资本主义危机的特殊方法。

第二章

信息化背景下的城市空间形态演变趋势

信息化时代城市空间结构形态发生了较大变化，如城市空间持续扩张、大型城市绵延带或群落出现、新型集聚体出现等。因此，一些学者对城市发展要素集聚性产生了怀疑，甚至认为集聚已死，扩散与分散状态将成为信息化时代城市空间结构与形态发展的主导。事实上，信息化只是在某种程度上改变了人们生产和生活方式，但并不能对城市集聚发展主导性因素产生根本性影响。信息化时代，创新源集聚与创新成果扩散、贸易与生产时空异步、空间修复与时间修复时空统一和分离等，依然是推进城市空间结构与形态变化发展的主导性因素。可以预见，信息化时代创新源多元化、空间修复高速化、贸易需求多样化等，将推进城市空间结构形态持续扩张，富有优质地理空间和创新人才集聚的城市将更具有发展弹性和主导性，而以农业资源为主导的农业时代城市空间结构形态和以自然资源与传统工业技术为主导的工业时代城市空间结构，将与信息化驱动的新型集聚体在某种程度上共存，并逐渐形成以知识经济主导的新型城市空间网络。

当人类社会经历了农业浪潮、工业浪潮到如今的信息化浪潮，城市空间结构形态也随之发生变化。尤其是，在信息化进程加速时代，一些大城市郊区化开始加速，令人叹为观止的是大型城市绵延带或城市群相继出现，数量可观的新型空间集聚体不断涌现。一些学者对信息化时代城市空间结构形态的驱动因素和未来趋势做出了新判断，并对城市发展要素的集聚性产生了怀疑，甚至认为集聚已死，扩散与分散状态将成为信息化时代城市空间结构与形态发展的主导。

那么，信息化时代，城市空间结构形态的集聚性是否依然是主导性驱动因素，城市空间结构形态变化的本质性因素是否发生了变化，城市空间结构形态是否真的会走向绝对分散而不是相对集中，上述问题已经成为经济地理界、城市规划界研究的热点。对上述问题的回答不仅关于理论认识的正本清源，也关系着对一个国家和城市未来空间结构形态设计的科学认知，更关系着一个国家或区域城市与社会的可持续发展。

为此，本研究首先描绘出信息化时代的城市空间结构形态的主要特征，其次从历史空间主义的视角对信息化时代城市空间结构形态的驱动因素进行剖析，最后基于上述研究对信息化时代的城市空间结构形态的未来趋势作出基本的轮廓勾画。值得注意的是，本研究中对城市空间结构形态中关于焦点不在于城市核心圈层内部空间演化特征，而是重点关注具有基本城市功能的新型集聚体会在哪里出现，这些新型集聚体可能是新型创新源，也可能是由于创新源扩散效应产生的城市空间修复体。

一、信息化时代城市空间结构形态的主要特征

信息化时代城市空间结构形态是工业化时代城市空间形态的延续，大城市会持续扩张，大型城市绵延带或群落会不断涌现和壮大，具有一定城市功能的新型及具体会持续涌现，比如新型企业社区、特色小镇、新型产业社区综合体。

（一）大城市空间结构形态的持续扩张

随着信息化浪潮推进，大城市空间持续扩张，某种程度上在空间结构形态上甚至表现出了离散而非集聚局面。从某一大城市内部空间结构来看，其突出表现是城市蔓延和郊区化特征。城市蔓延带（urban sprawl）主要是由于城市远郊土地开发与利用驱动所致。以美国20世纪80年代以后城市空间形态发展为例，不仅是居住区，新的工厂区、办公园区（office park）也纷纷前往郊区，郊区工作岗位增加又进一步促进了城市人口甚至政府税收的外迁，城市扩张触角开始伸向原来的森林和农田，原来主要集中在中心区的城市活动扩散到城市外围，城市形态呈现出分散、低密度、区域功能单一和依赖汽车交通的特点。

中国城市发展中大城市空间持续扩张的注脚之一就是“摊大饼”，是指城市建设发展采用围绕一个核心，以同心圆方式不断向外

扩张，某种程度上被认为是城市处于一种盲目、无序的扩张状态，比如北京、上海、广州等城市。这与围绕大城市四周不断发展小城镇，伴随着规模扩大和功能提升，逐渐增强吸纳人口和扩大就业能力，形成一串各具风格和特色鲜明的卫星型城市带扩张形式相比，具有较大空间差异。

（二）大型城市绵延带或群落持续出现

随着信息化浪潮推进，从多个城市空间结构来看，大型城市绵延带或城市群落持续涌现。城市群（又称城市带、城市圈、都市群、城市群或都市圈）是指以中心城市为核心，向周围辐射构成城市大型集合区域。城市群特点反映城市之间经济联系、产业分工与合作，交通与社会生活、城市规划和基础设施建设之间的相互影响。目前，世界上相对较为认可的六大城市群是指以纽约为中心的美国东北部大西洋沿岸城市群、以芝加哥为中心的北美五大湖城市群、以东京为中心的日本太平洋沿岸城市群、以伦敦为中心的英伦城市群、以巴黎为中心的欧洲西北部城市群和以上海为中心的中国长江三角洲城市群。

大都市连绵带是由在地域上集中分布的若干大城市和特大城市集聚而成的多核心、多层次城市群体，是大都市区空间联合体。大都市连绵带概念最初是由法国地理学家戈特曼（J.Gottmann）提出的，称为Megolopolis。1957年，戈特曼把美国东北沿海地区的城市密集区域用原意为巨大城邦的希腊语Megolopolis来命名，说明这一北起波士顿，南至华盛顿，由纽约、纽黑文、费城、巴尔的摩等一系列大城市组成的功能性地域。城市沿主要交通干线连绵分布，形成主轴长600英里，人口

3000多万的大城市连绵分布带。长江三角洲城市群、珠江三角洲城市群和环渤海城市群则是我国相对较大的三个城市群，是未来我国大都市绵延带的主要发育区，目前正在实施的长江经济带战略将会对长江上游和长江中游的城市绵延带发育，京津冀协同发展战略将助推京津冀城市群的发育，我国沿海大都市绵延带和长江流域大都市绵延带将有力助推我国“T”字形经济空间格局的加速实现。

（三）具有一定城市功能的新型集聚体持续涌现

大型城市群和城市绵延带的出现使城市的网络化特征日趋明显。城市网络中不断涌现出新的成长性节点，即新的具有一定城市功能的机具体不断涌现、发育。这些新型集聚体首先是经济社会活动联系密切的集成区。这是由于城市外部效应、规模效应、知识溢出效应等的存在，相同阶层与文化水平或不同阶层与文化水平的城市居民可能会集聚在某个特定地理空间，形成各种社区，可能是功能性质类似的创新社区或经济活动密切联系的非创新型社区。

随着某种单功能社区的发展，多功能社区也可能会生长发育。网络化城市社区与传统城市社区不同，它除了居住功能外，还可以使远程教育、远程医疗、远程娱乐、网上购物、居民自助辅助等功能结构复合体。目前世界上这些位于发达地区城市郊区的新型集聚体具有较高成长性，这些成长性节点可能是新综合生活功能区，也可能是新商业功能区，也可能是新工业功能区，也可能是新交通物流功能区，还可能是集工作、生产、交通与游憩于一体的新型城市集聚体，如各式各样的产业型或功能型特色小镇。

二、信息化时代城市空间结构形态的驱动因素分析

农业社会主要靠土地和种植、养殖业，以丰饶的农业资源空间为依托，加上军事、宗教活动驱动，城市空间相对分散。工业社会主要以传统工业作为支柱产业，以稀缺自然资源空间为依托，它们的繁荣取决于资源、资本、硬件技术的存量、增量和流量，加上交通运输发展，规模经济和分工合作的驱动造就了工业城市的出现，城市空间相对集中。信息化时代，知识创新要素的聚散逐渐成为城市空间分布的主要驱动因素，在一定程度上甚至主导着新型城市网络的涌现与发育，大型城市群和大都市绵延带快速发展。但农业时代和工业时代的城市空间形态驱动因素依然存在。

（一）农业时代的驱动因素依然存在：农业资源集聚体成为边缘集聚体

信息化时代城市空间结构形态首先一定程度上保留了部分农业经济时代形成的城市主体。农业经济时代城市空间位置主要特点有：大多数坐落在有利于农业、防御或贸易的地方；大都有城墙环绕，即在城市内部，各个社区和部门之间也都有墙隔开，承载着重要军事功能；宗教思想在城市布局和社会结构中占有主导地位；大都有中心广场，广场四周是宗教和政府建筑物，从中心广场放射出宽阔林荫道，富人居住与核心区，其他人居住于富人区和城墙之间的空间；商人和工匠居住在他们工作地方，这里称之为市；城市统治其周围农业土地，从农民那里取得粮食，城市保护农民不受侵犯。

可见，决定农业时代城市规模和地理位置的因素主要是军事功能、农业功能和宗教功能。军事功能提供安全保障，农业功能提供经济、生存保障，宗教功能提供一定程度的思想文化保障，因此农业时代城市位置某种程度上要依托于农业资源空间。时至今日，对比信息化时代特征，农业生产、军事保障、宗教文化保障依然是这个时代所必须的，基于现实需要空间路径依赖效应与锁定效应等因素，农业时代驱动的城市空间形体依然存在。与农业时代一样，农业资源空间上具有一定城市功能的集聚体依然处于整个城市空间结构的边缘地带，不过区别在于信息化时代城市空间规模和结构与农业时代发生了较大变化。

（二）工业时代的驱动因素依然存在：贸易拉动与规模生产时空异步

早期资本主义商业城是在农业时代形成的城市空间中逐渐形成的，资产阶级革命后，城市从原有城市母体中脱胎而出，只有工业革命之后，才引起了其城市本质的变化。第一次和第二次工业革命，大大提高了社会生产力，人口再生产发生变化（即迅速向城市集中），交通运输方式也发生了革命性变化（火车、汽船、电车、汽车等新式交通工具迅速推广和应用），产业结构也发生了很大变化（第二产业蓬勃发展带动了第三产业发展），这大大推进了城市空间结构形态演化，该时期城市呈现出高度集中式外延发展，多为单中心结构，大城市临近区域一些专业新型城镇不断涌现。具有代表性的是工业化早期伦敦高度集聚发展的城市增长方式，城市中心区人口增长迅速，城市外延扩展缓慢。

工业化早期高度集中式城市空间结构变化带来了诸如住宅紧张、环境污染、交通拥挤等城市病。因此，工业化后期一些发达国家和地区率先出现了郊区化发展态势。郊区化进程中表现出如下规律：首先是住宅郊区化，紧随住宅郊区化的是商业服务部门郊区化，紧随商业服务部门外迁的同时，工厂也向郊区迁移，商业服务部门之后外迁的是办公事务部门。郊区化的驱动因素一般认为包括城市中心区地租昂贵、人口拥挤、交通堵塞、环境恶化等推力和郊区就业岗位增加、消费市场增长与污染程度相对较低等拉力。

工业时代促使农业时代形成的部分城市迅速增长，也同时催生了大量新兴城市，这些城市要么是原料生产地，要么是消费市场地，要么是重要贸易中转地。规模化生产和城市外部效益促进了已有城市发展壮大，贸易需求与生产地时空异步促进了新兴工业城市和商业城市兴起，在工业文明主导时代，大型铁路、公路、港口和航空中转地及周围城市获得了快速发展。时至今日，信息化时代已然存在大量工业时代形成的生产方式和生活方式，尤其是大量地区的工业化进程尚未完成，这使得信息化时代城市空间结构形态依然受到工业化时代城市空间驱动因素的影响，即贸易拉动与规模化生产时空异步，继续为信息化时代城市空间结构形态发展起着一定决定性作用。值得注意的是，从大于某一城市的较大空间尺度来看，工业化时代城市空间结构形成的主导性因素是集聚而不是扩散，从单个大城市空间尺度范围内观察到的空间扩散正是创新源的创新要素被复制和扩散的过程。

（三）知识经济时代的驱动因素逐渐主导：创新源集聚与创新成果扩散

后工业时代，即信息化时代，出现了城市群和大都市绵延带，这某种程度上是工业化时期生产生活方式由于创新驱动升级而催生的新型城市空间形态。此空间形态被认为具有以下特点：地理位置和自然条件良好，便于农业耕作、居住和交通联络，人口向平原集中导致了城市也向平原集中；国家的核心区域，城市群或绵延带大多集外贸门户功能、现代工业职能、商业金融职能、文化先导职能等于一身，具有国际交往枢纽作用；高效交通走廊强化了城市群多核心结构，不同核心承载着多层次创新源产生和扩散功能；完善的生态网络和广阔的经济腹地支撑，大片农业用地为城市核心区提供了生活必需的农业产品、空气质量保障和一定旅游休憩空间，广阔的地域相对临近的原料市场和消费市场成为城市群和大都市绵延带得以成长壮大的腹地保障。

可见，上述城市空间结构形态和特征得以形成的主要驱动因素是交通运输工具持续便利化，尤其是通向郊区和更偏远地带的轨道交通和家庭汽车拥有量猛增，以及新型通讯工具应用大大压缩了时空距离。由于先进交通通讯工具带来的时空压缩，体现在现实空间上就是城市蔓延、扩散与网络化。

因此，信息时代的到来，在某种程度上继续强化了贸易和生产时空异步塑造的城市空间形态。值得注意的是，信息时代与工业时代创新源空间布局具有较大不同，工业时代创新源一般居于工业发达地区，信息时代创新源可能还会出现在高端人才集聚的高校和科学院所临近的地域，并且知识作为创新要素的创新主导性与日俱增，这将在一定程度上重塑城市空间结构形态。

三、信息化时代城市空间结构形态未来趋势

信息化时代，创新源多元化会加速新型集聚体出现，时间—空间修复高速化会加速大城市网络生长发育，贸易需求多样化将推进城市空间形态持续扩张，创新人才集聚和优质城市地理空间将强化城市空间核心边缘结构，知识经济逐渐主导多时代特征共存的新型城市空间网络。

（一）信息化时代创新源多元化加速新型集聚体出现

信息时代，新型信息技术出现和应用，正在不断发现和创造新型市场需求和行业业态，这使得多元化创新源在不同地域空间得以迅速生长壮大，这会大大加速以文化创意产业源为主要代表性形态的具有一定城市功能的新型集聚体持续出现，从而不断丰富大城市和区域城市网络节点新功能。未来，多元化、多层次规模的新型创新源的出现和发展将不断改变着城市空间结构形态，并将继续改变城市网络功能的升级与转型。

（二）时间—空间修复高速化加速大型城市网络生长发育

信息化时代，新型信息技术大量出现和应用，为社会生产关系四个环节“生产、交换、分配和消费”提供了前所未有的便利，这会大大加速社会生产中“时间加速和空间缩减”提供了有力武器，使得时间—空间修复中成本大大降低，从而大大提升市场机制作用下社会生

产中“时间—空间修复”速率。时间—空间修复速率提升必然加速城市社会生产生活在空间上的扩张和不同空间集聚体之间的密切联系，从而持续加速大型城市网络的生长发育。

（三）贸易需求多样化等将推进城市空间结构形态持续扩张

新型信息技术不断催生新生产生活需求，新生产生活需求不断催生新贸易需求，由于交通和信息技术带来时空压缩，就会不断增加网上交易数量，但物流的需要又会持续强化交通运输走廊的生长发育，这就会在现实空间上不断促进城市网络综合功能不断完善和城市空间结构形态持续扩张。值得注意的是，城市空间结构形态由于城市网络完善而呈现出的地域空间扩散态势并不能否定集聚经济在信息时代对城市空间结构形态塑造的决定性作用。

（四）创新人才集聚和优质城市地理空间将强化城市空间的核心与边缘结构

同工业时代一样，创新源决定了信息时代城市空间的核心边缘结构。在信息时代，新知识经济驱动的城市空间布局位移将逐渐占据主导地位，由人口随工业迁移而迁移为主的时代逐步走向创意产业随创新人才迁移而迁移为主导的时代，即创新源集聚和创新成果扩散在某种程度上会催生新城市经济体并改变城市空间结构形态。未来，创新人才集聚需优越的创意生产生活环境，创意产业人才发展环境培育就成为未来城市空间形态塑造过程中越来越重要的因素，而创新人才集聚和优质城市地理空间将持续强化城市空间的核心边缘结构。

（五）知识经济逐渐主导多时代特征共存的新型城市空间网络

时至今日，基于现实需要空间路径依赖效应与锁定效应等因素，农业时代驱动的城市空间形体依然存在，依然处于整个城市空间结构的边缘地带。同时，贸易拉动与规模化生产的时空异步继续为信息化时代城市空间结构形态发展起着一定决定性作用。信息时代到来，也许会在空间上使农业时代和工业时代形成的具有一定城市功能集聚体发生空间位移，但不会摧毁这类集聚体。因此，富有优质地理空间和创新人才集聚的城市将更具有发展弹性和主导性，而以农业资源为主导的农业时代城市空间结构形态和以自然资源与传统工业技术为主导的工业时代城市空间结构，将与信息化驱动的新型集聚体在某种程度上共存，并形成知识经济逐渐主导的新型城市空间网络。

四、结论性评述

在信息化进程加速时代，城市空间结构形态发生了巨大变化，郊区化、大型城市绵延带或城市群、新型空间集聚体等成为城市空间结构形态研究中的热点词汇，城市经济结构空间的确出现了一定程度的空间扩散现象，但这并不能成为怀疑城市发展是集聚性要素主导的理由，扩散与分散状态并不能成为信息化时代城市空间结构与形态发展的主导，相反在某种程度上城市空间形态表现出了更加集聚化态势。

这是因为，决定城市空间结构的本质性驱动因素并没有发生变化，即创新源集聚与创新成果扩散、贸易与生产时空异步、空间修复与时间修复时空统一和分离等，依然是推进城市空间结构与形态变化发展的主导性因素。

所以，如果将关注重点放在具有基本城市功能的新型集聚体会在哪里出现，而不是放在城市核心圈层内部空间演化特征。我们就会发现，未来，富有优质地理空间弹性和创新人才集聚性的城市将更具有发展活力和空间主导性，创新源的集聚与创新成果的扩散就不断优化重塑信息时代知识经济驱动逐渐主导的新型城市空间网络。

新型社群案例

杭州市余杭区梦想小镇

梦想小镇位于浙江省杭州市未来科技城，地处杭州市中心西侧，坐落在余杭区仓前街道，东至杭州师范大学、绕城高速，西至东西大道，南至余杭塘河，北至宣杭铁路，规划用地面积为3504公顷，其中建设用地面积3062公顷，占总用地面积的87.39%，项目总投资40亿元。截至2017年6月，小镇已经累计完成投资额32.36亿元，其中特色产业投资比重为87.36%。

梦想小镇是浙江省首批特色小镇创建对象，也是10个省级示范特色小镇之一。2015年6月，梦想小镇成为37名首批省重点特色小镇中的一员。

梦想小镇位于未来科技城的中心位置，重点建设区的西北角，其具有重要的战略地位。此外，小镇临近阿里巴巴西溪园区，是知名互联网公司阿里巴巴集团的总部所在地，这为项目的发展提供了良好的商业机遇和氛围。

梦想小镇的核心区块以章太炎故居、“四无粮仓”深厚的历史底蕴和“在出世与入世之间自由徜徉”的自然生态系统为载体，以科技城开放、包容、创新、服务的政务生态系统为支撑，以阿里巴巴总部所在地和金融资源集聚发展的产业生态系统为驱动，通过建设“众创空间”、O2O服务体系，“苗圃+孵化器+加速器”孵化链条，打造富有激情的创业生态系统，帮助“有梦想、有激情、有知识、有创意”，但“无资本、无经验、无市场、无支撑”的大学生“无中生有”，使他们创业的“梦想变成财富”。可谓是拥有创业梦想之人的天堂。截至2017年6月，小镇已吸纳就业人数7248人，并且吸引了817家企业入驻，为小镇发展添砖加瓦。来自全国乃至全世界的年轻人在小镇创新创业，挥洒智慧和汗水。他们已创立了740多个项目，正在将各种奇思妙想付诸实践，把创意变成产品，把智慧变成财富。

未来，梦想小镇将致力于依托浙大、阿里、浙商优势，顺应“互联网+”的发展浪潮，抓住“大众创业、万众创新”的时代机遇，锁定人才和资本两大关键创新要素，确定了“资智融合”的发展路径，加快互联网创业和天使投资互促发展。

在披荆斩棘奋勇前行的道路上，梦想小镇将分三期进行打造，进而完全实现梦想摇篮这一宏伟目标。一期重点打造“仓前古镇”旅游区，以提升优化现有旅游资源，为后期建设储备人气及宣传效应；二期重点建设七个梦想小镇，以承托来小镇追梦的人的梦想，为创业者提供必要的支持平台；三期重点建设筑梦工厂，作为城市中心体，承载商业、办公、休闲、娱乐等功能，也作为未来城市的中心。

梦想小镇的最终目标，是实现“让创业者从喧闹的城市突围，生活在鸟语花香中，身体与土地紧密联系，自由自在地读书、喝茶、菜花摘菜，食在当地，食在当季”，打造让天下有创业梦想的年轻人起步的摇篮，让他们在悠然平和生活的状态下演绎创业之梦，让他们的梦想在小镇变成财富，也让他们的心灵在小镇得以安放。而这一切，将在小镇的飞速发展中得以实现。

参考文献

[1] 大卫·哈维；高泳源，刘立华，蔡运龙译. 地理学中的解释. 北京：商务印书馆，1996

[2] Justice；胡大平译. 正义、自然和差异地理学. 上海：上海人民出版社，2010

[3] 大卫·哈维；胡大平译. 希望的空间 . 南京：南京大学出版社，2006

[4] 许学强，周一星，宁越敏. 城市地理学. 北京：高等教育出版社，2009

[5] Everett M. Rogers. *Diffusion of Innovations* . New York：The Free Press，1983

[6] 周春山，叶昌东. 中国城市空间结构研究评述. 地理科学进展，2013（7）

[7] 陈菁，罗家添，吴端旺. 基于图谱特征的中国典型城市空间结构演变分析. 地理科学，2011（11）

[8] 石崧. 城市空间结构演变的动力机制分析. 城市规划汇刊，2004（1）

[9] 张庭伟. 1990年代中国城市空间结构的变化及其动力机制. 城市规划，2001（7）

[10]唐子来. 西方城市空间结构研究的理论和方法. 城市规划汇刊，1997（12）

[11]吴启焰，朱喜钢. 城市空间结构研究的回顾与展望. 地理学与国土研究，2001（5）

[12]Batten. David F. *Network cities : Creative urban agglomerations for the 21st century*. Urban Studies, 1995

[13]Garreau，J. Edge City, 1991

[14]J. Gottmann. *Megalopolis, or urbanization of the Northeastern Seaboard.* Economic Geography, 1957

[15]Castell M & G. Cardoso, *The network society:From knowledge to policy,* 2005

第三章

中国城镇化空间的核心边缘结构

未来20~30年中，中国城镇化水平和空间拓展还将经历一个快速提升过程，是我国发展的历史性战略机遇期。从目前来看，中国城镇化空间的核心—边缘结构已经形成，我国城镇化空间拓展的核心区主要在“京豫浙”三角区及其邻近地区，而并不包括传统上所认为的“珠三角”及海西经济区。在考虑中国未来30年的城镇化进程时，我们不能盲目地做出中国未来城镇化的重点在中西部地区的结论，也不能盲目地在城镇化日趋衰落而并无任何区位优势或特色资源的地区进行大规模投资，尤其是所谓的基本公共服务均等化的建设，或者所谓的调整地带失衡的政府转移支付或投资。中国城镇化的过程应是一个通过市场、政府、公民共同参与的多主体协同创新、协同进步的过程，是一个实现经济社会集约化、空间规模经济化、空间格局持续优化的过程，只有这样才能真正实现以人为本的科学发展，才能顺利推进“五位一体”的中国特色社会主义建设。

第三章 中国城镇化空间的核心边缘结构

诺贝尔经济学奖得主斯蒂格利茨曾说过美国的高科技和中国的城市化是影响21世纪世界进程两件大事（2001）。2011年中国的城市化率已经突破50%，这对于中国来讲是一个里程碑事件，这意味着中国已经进入一个以城市人口为主的国家，这也意味中国可能还有20~30年的快速城市化进程，更意味着深刻的政治、经济、社会、文化、生态等方面的变革也正在加剧。尤其是，在当前海外市场萎缩，中国亟须提振内需以维持经济平稳增长的时代背景下，中国城镇化的平稳推进更具有非凡的战略性意义。

城镇化布局是影响中国城镇化进程的重要因素之一。党的十九大报告指出，要实施区域协调发展战略，以城市群为主体构建大中小城市和小城镇协调发展的城镇格局。目前关于中国城镇化格局的描述有很多，或者是围绕东中西三大地带、南部北部等板块的此起彼伏来展开；或者是围绕城市群的格局来展开。这为我们认识中国城镇化空间格局提供了十分重要的参考。

然而，从区域经济视角来看，城镇化的空间格局与经济格局一样也存在着一定程度的核心—边缘结构。但由于数据或者方法技术的限制，关于中国总体城镇化空间格局的核心边缘结构的研究还比较少见。随着基于GIS的空间计量分析技术的提升和遥感夜间灯光数据在城市化空间格局研究中应用的日趋成熟，利用遥感夜间灯光数据（DMSP/

OLS）来对中国城市化空间格局的核心—边缘结构进行可视化分析的条件已经成熟。一些学者已经在相关研究上进行了深入探索（陈晋，卓莉，史培军，2003），给我们提供了十分重要的参考。但是基于DMSP/OLS数据对中国城镇化格局空间依赖性、空间异质性、空间进程等还需要进一步研究。

为此，本文将运用DMSP/OLS数据（2000，2010），分析中国大陆城镇化空间的差异性和关联性，并通过全局空间自相关、局域空间自相关、空间差值、标准差椭圆等空间计量分析技术来判别中国城镇化空间格局的核心—边缘结构。本文用灯光指数来代替城镇化发展水平（阴英超，2010）。本文关注的核心问题是，中国是否存在核心—边缘的城镇化空间结构，中国不同区域的城镇化格局是否存在阶段性特征，中国未来城镇化空间拓展的热点区在哪里。

一、中国城镇化空间拓展的核心区在华北平原及其邻近地区

基于DMSP/OLS数据利用GIS提取灰度值大于0的斑块，这些斑块大致反映了中国城镇化空间的拓展状况（如图3.1和图3.2）。图3.1和图3.2中深黑色代表2000年的斑块分布，浅灰色代表2010年的斑块分布，区别在于图3.1反映的是基于2000年的城镇化斑块拓展状况，图3.2反映的是基于2010年的城镇化斑块拓展状况。由图3.1可知，在深黑色边缘地区新增添了些许浅灰色斑块，这代表着在2000年城镇化图斑的周围出现了新增长的城镇化图斑，显示出了城镇化空间拓展的扩散效应。图3.2显示在2010年城镇化图斑的周围存在些许消失的图斑（2000

年），这代表着在从2000~2010年存在些许消失的城镇化图斑，显示出了城镇化空间拓展的极化效应。值得注意的是，无论是新添的图斑还是消失的图斑基本都围绕在2000年城镇化图斑的周边或临近地区，这说明我国城镇化的核心区和外围区已经有了基本的轮廓，东北地区的“哈大城市走廊”清晰可见，“京豫浙”三角区（沈体雁，张晓欢，赵作权，2013）、“中三角”、成渝经济区、新疆城市群、福建广东沿海城市带等清晰可见。从标准差椭圆（赵作权，2009）来看，从2000年到2010年我国城镇化处于扩张状态，但密集化程度在增加，这说明我国城镇化空间处于在扩张中密集化的状态，由标准差椭圆度量的我国城镇化空间的核心区包含了华北平原及其邻近地区、部分辽中南城市群、中三角、关中城市群和成渝经济区，但其中最大的连片的城镇化空间主要是“京豫浙”三角区及其邻近地区，事实上也就是华北平原及其邻近地区。

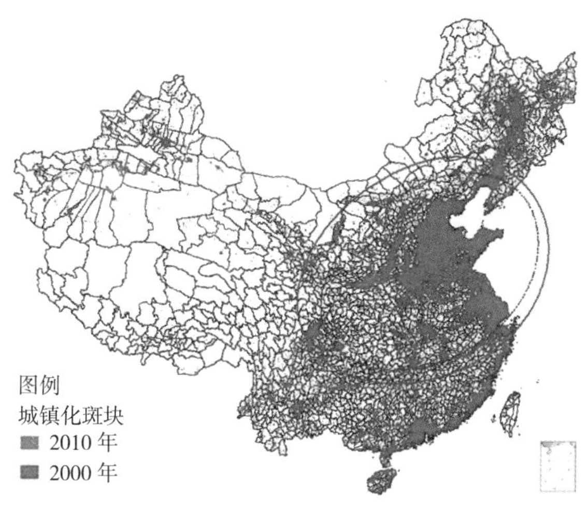

图 3.1　城镇化空间拓展（2000~2010 年）

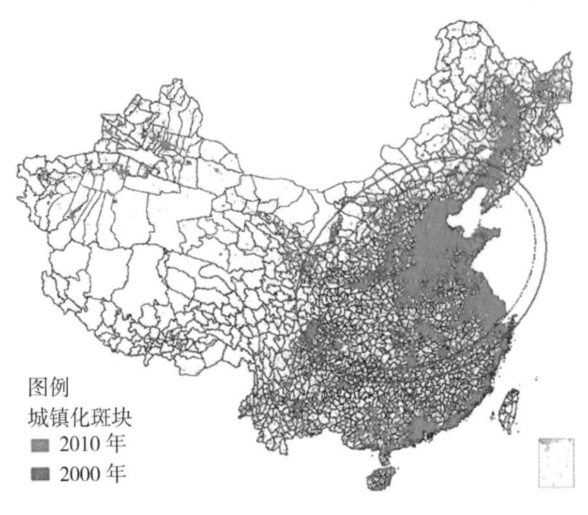

图 3.2 城镇化空间拓展（2000~2010 年）

二、中国城镇化水平的核心区以“京豫浙”三角区为核心

基于DMSP/OLS数据利用GIS计算基于县级行政辖区的夜间灯光指数，用以指代县级行政单元的城镇化水平指数（阴英超，2010），并计算基于适当距离权重矩阵的局域Moran I,生成LISA图（Anselin，2007），其中浅黑色部分指代城镇化水平的高高集聚区，浅灰色部分指代城镇化水平的低高离散空心区（大多位于高高集聚区的邻近边缘区），灰白色部分指代城镇化水平的高低离散孤岛区，大多位于距离高高集聚区较远被低值区包围的区域，深黑色部分指代城镇化水平低低集聚的萧条区，大多位于中西部地区，但在2800余个县级行政单元中有近一半的县域城镇化水平与邻近地区不存在显著的空间自相关现象，这在一定程度上代表了县域经济的空间分割现象。如果将城镇化

水平的高高集聚区和高低孤岛区定义为城镇化空间的核心区，将低高萧条区、低低集聚区和其他不具显著空间自相关的地区定义为外围地区，那么中国城镇化空间的核心与外围地区也清晰可见。从2000~2010年间，最为显著的是“京豫浙”三角区呈现出了快速融合趋势，其他零散的核心区并没有十分显著的变化，比如高高集聚的辽中南城市群中的部分地区、晋南地区、海西地区、广东经济核心区，以及孤岛状态的武汉、西安、成都核心区、重庆核心区、昆明核心区、贵州核心区、哈尔滨核心区等。值得注意的是，从2000~2010年中国城镇化空间的高高集聚区和低低集聚区都在大幅增加，并且低低集聚区增加数据和速率更快，孤岛区和萧条区也有少量增加，这说明我国城镇化空间正处于以集聚为主导扩散并存的阶段，但核心—边缘结构正日趋明显。

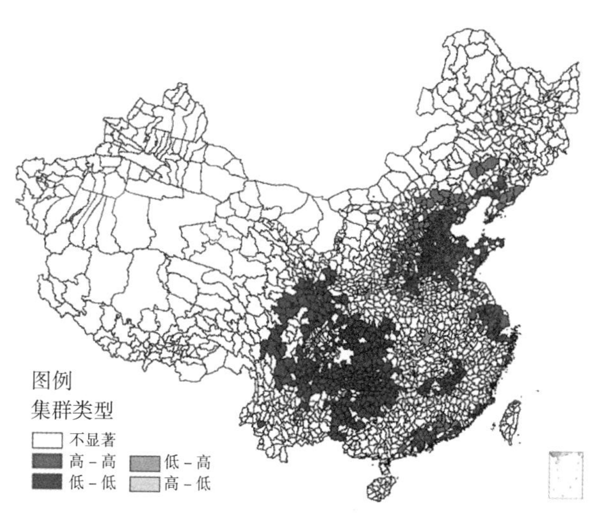

图 3.3　中国城镇化水平的核心边缘结构（2000 年）

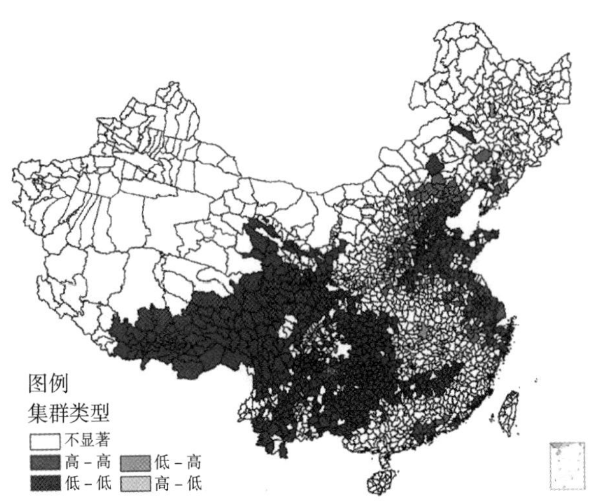

图 3.4　中国城镇化水平的核心边缘结构（2010 年）

三、中国城镇化水平速率的核心区依附于城镇化水平核心区

在度量城镇化发展快慢时，多数研究者采用的指标是城镇化水平的年均增长率，在本文中则可以得到如图3.5所示的中国城镇化水平增长率的核心—边缘结构图。由图3.5便可以得出在2000~2010年中国城镇化水平快速增长的核心区位于江西昌九城市群、云贵地区、成渝地区、甘肃青海部分地区、内蒙古和新疆部分地区。因此，不少人便得出未来中国城镇化空间的重点在我国的中西部地区，因为这些城镇化水平增长率较高的连片区大多位于中西部地区。

然而，如果用城镇化速率，即城镇化水平在一定时间内的平均增加值来度量中国城镇化空间增长快慢时，便可以得出近乎相反的结论。如图3.6所示，该图显示的是在2000~2010年间中国城镇化速率的核心边缘结构，我们可以发现图3.6和图3.3、图3.4具有较高的相似性，即我国城镇化水平速率的核心区主要位于中国城镇化水平较高的核心区邻近地区，也可以认为中国城镇化水平速率的核心区依附于城镇化水平核心区，尤其是“京豫浙”三角区表现尤为明显。

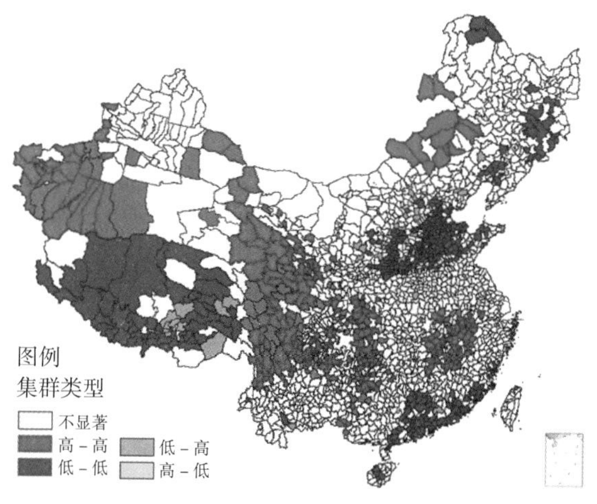

图 3.5　城镇化水平增长率的核心区

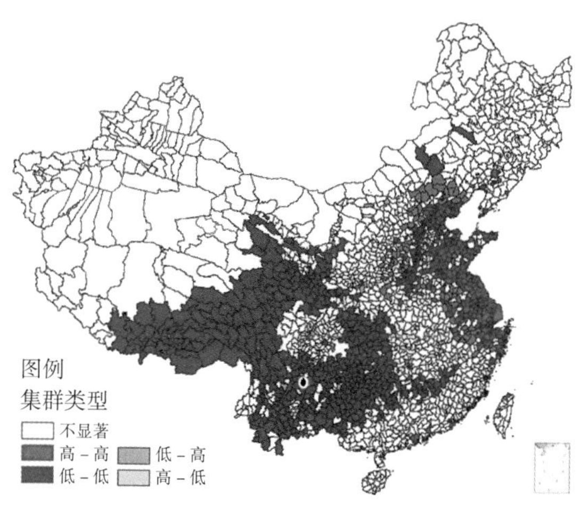

图 3.6　城镇化水平速率的核心区

四、中国城镇化空间的核心边缘结构已经形成

通过计算G* 统计量（Anselin，2007），首先来度量中国城镇化水平的热点区，如图3.7和图3.8，其次来度量中国城镇化水平速率和增长率的热点区，如图3.9和图3.10所示。如果将热点区视为中国城镇化空间的核心区，那么图3.7和图3.8就告诉我们中国城镇化空间的核心边缘已经形成，第一个连片的核心区分别是“京豫浙”三角区和环渤海地区的并集，第二个连片的核心区是广东核心区和部分海西地区的并集，其他地区均可视为中国整体城镇化空间的边缘区，从2000~2010年间，第一个连片核心区在扩张，第二个连片核心区在收缩。因此，中国未来一段时间内城镇化空间的核心区在“京豫浙”三角区，辽中南和河北北部地区是和“京豫浙”三角区较易融合的城镇化地区。仅从空间范围来看，珠三角和海西地区的城镇化空间拓展范围有限。

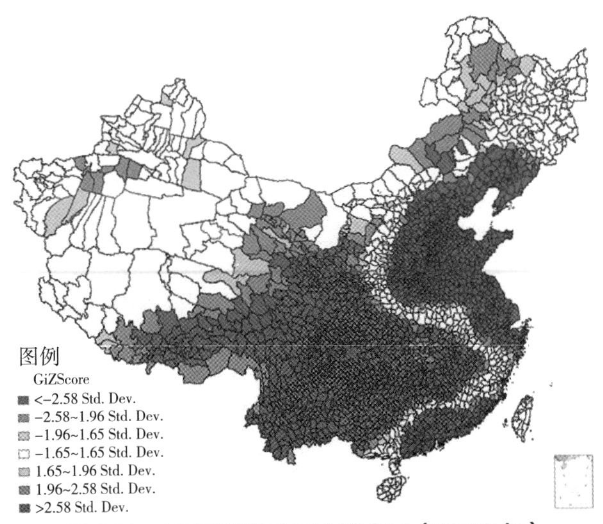

图 3.7　中国城镇化水平的热点区（2000 年）

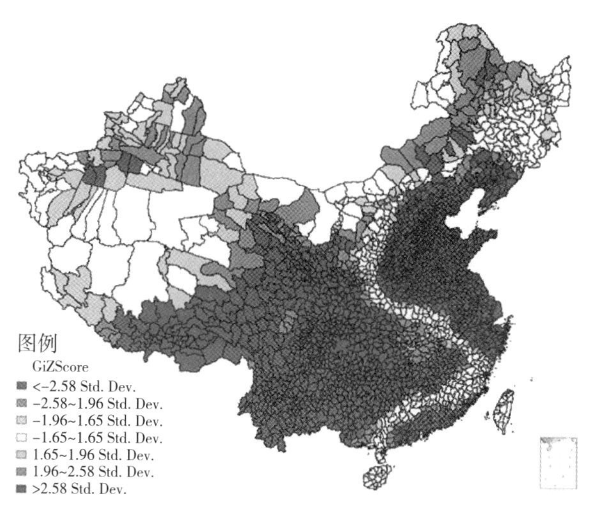

图 3.8 中国城镇化水平的热点区（2010 年）

图3.9和图3.10分别是中国城镇化速率和增长率的热点区显示图。从图3.9来看，中国城镇化空间速率的热点区主要位于“京豫浙”三角区，以及河北北部和辽中南城市群的部分地区。这与图3.3、图3.4、图3.7、图3.8所示的中国城镇化核心区存在较高的相似性，其区别就在于图3.9所示的城镇化速率核心区基本不包括珠三角和海西部分地区，这再次说明我国城镇化空间拓展的核心区主要在“京豫浙”三角区及其邻近地区，而并不包括传统上所认为的“珠三角”及海西经济区，尤其是珠三角拓展范围的有限性给人印象深刻。从图3.10来看，中国城镇化水平增长率的热点区主要位于江西省、云贵—成渝—青海—甘肃形成的连片区、新疆部分地区以及内蒙古部分地区，但从图3.10来看很容易得出中国城镇化在2000~2010年间的增长重点在中西部地区的结论，或者得出中国未来城镇化重点在中西部地区的结论，结合前面的分析，这种结论显然有待商榷，但必须承认的是在2000~2010年之间，

中国城镇化增长率的热点区的确是在中西部地区，但这与中国城镇化空间拓展的核心区是两个不同的概念，单位时间内的平均增加量（城镇化速率）和单位时间内的平均增长率显然是两个不同的概念，前者反映的是增长量的变化快慢，后者反映的是增长率的变化快慢。

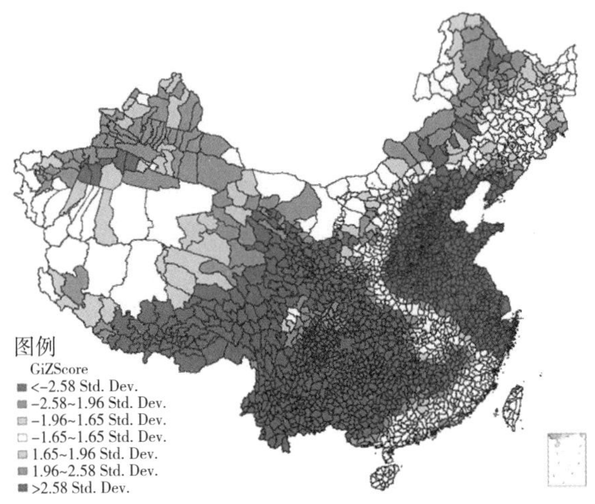

图 3.9 中国城镇化水平速率的热点区

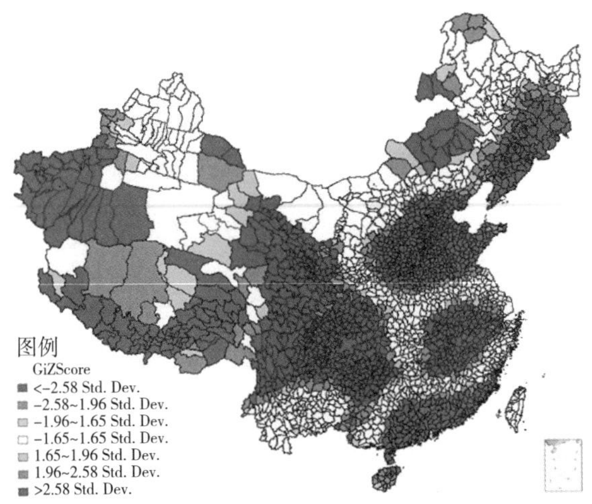

图 3.10 中国城镇化水平增长率的热点区

小　结

未来20~30年，中国城镇化水平和空间拓展还将经历一个快速提升的过程。从短期来看，这对提振内需以维持经济平稳增长、实现经济发展方式的转变具有十分重要的现实意义。从长期来看，这对中国抓住国家发展的历史战略机遇期，建设“五位一体”的中国特色社会主义，实现中华民族的伟大复兴具有非凡的战略性意义。

城镇化布局是影响中国城镇化进程的重要因素之一。但值得注意的是，国家主体功能区规划（“十二五”规划也提到）所提出的构建“‘两纵三横’的城市化战略格局”是一个漫长的过程。因为，从目前来看，中国城镇化拓展的核心区在华北平原及其邻近地区，中国城镇化水平的核心区以“京豫浙”三角区为核心（“京豫浙”三角区是中国最大的城市化水平高高集聚区），虽然中国城镇化增长率的核心区（高高集聚区）基本上全部位于中西部地区，但中国城镇化速率的核心区基本也是以“京豫浙”三角区为核心。

从中国城镇化水平的热点区看，中国城镇化空间的核心—边缘结构已经形成，第一个较大的连片核心区是“京豫浙”三角区和环渤海地区的并集，第二个核心区是广东核心区和部分海西地区的并集。值得注意的是，从2000~2010年间，第一个连片核心区在扩张，第二个连片核心区在收缩。结合中国城镇化水平速率的核心—边缘结构（如图3.9），我们基本可以认为我国城镇化空间拓展的核心区主要在“京豫浙”三角区及其邻近地区，而并不包括传统上所认为的“珠三角”及海西经济区，在图3.10中所显示的城镇化水平增长率较快的核心区（主要位于中西部地区）在短期内并不会对已经形成的中国城镇化空间的核心边缘结构产生太大的影响。

当然，从图3.3和图3.4来看，中西部和东北地区存在的城市化水平的高低离散区（孤岛区），也许是局域最为可能的增长极，在未来一段时间内可能处于较快的经济增长和城镇化发展阶段。在高高集聚区邻域存在的低高离散区（萧条区），在未来一段时间内可能继续接受虹吸效应，继续成为高高集聚区的外围地区，但也是最有可能成为接受高高集聚区辐射效应的地区，将会成为城镇化高高集聚区的重要拓展区，它们主要位于“京豫浙”三角区的邻近地区。尤其是，高高集聚区和低低集聚区的数量都在增加，但低低集聚区数量增加的较快，这说明中国城镇化的核心—边缘结构在进一步强化。

因此，我们在考虑中国未来30年的城镇化进程时，一定要注意到中国城镇化空间的核心—边缘结构，以及其未来一段时间内的发展态势。不能盲目地做出中国未来城镇化的重点在中西部地区的结论，也不能盲目地在城镇化日趋衰落而并无任何区位优势或特色资源的地区进行大规模投资，尤其是所谓的基本公共服务均等化的建设，或者所谓的调整地带失衡的政府转移支付或投资。建设美丽中国，不是要在祖国的所有土地上都生产出GDP（国内生产总值），更不是在所有空间上实现所谓的均衡发展，而是应在主体功能区规划的指导下，让不同地区在承担生活功能、生产功能和生态功能上有所侧重，有所区别。中国城镇化的过程应是一个通过市场、政府、公民共同参与的多主体协同创新、协同进步的过程，是一个实现经济集约化、空间规模经济化、空间格局持续优化的过程，只有这样才能真正实现以人为本的科学发展，才能顺利推进“五位一体”的中国特色社会主义建设。

参考文献

[1] 杨开忠. 我国区域经济协调发展的总体部署. 管理世界，1993（1）

[2] 陈晋，卓莉，史培军. 基于DMSP/OLS数据的中国城市化过程研究——反映区域城市化水平的灯光指数的构建. 遥感学报，2003（3）

[3] 赵作权. 地理空间分布整体统计研究进展.地理科学进展，2009（1）

[4] 阴英超.基于DMSP/OLS灯光数据的新疆天山北坡经济带城市化研究. 新疆大学，2010（5）

[5] 赵作权. 中国经济核心—边缘格局与空间优化发展. 管理世界，2012（10）

[6] 林毅夫. 新结构经济学与中国发展之路. 中国市场，2012（50）

[7] 沈体雁，张晓欢，赵作权，我国就业密度分布特征的空间计量经济分析. 地理与地理信息科学，2013（1）

[8] Anselin, L. *Spatial Econometrics in RSUE: Retrospect and Prospect. Regional Science and Urban Economics*, 2007，37(4)

第四章

新时代中国特色小镇建设的成就和挑战

特色小镇是不同于行政建制镇和产业园区的新型创新创业平台。随着国家政策不断完善，新时代特色小镇进入了规范发展阶段。近年来，特色小镇已经成为改革开放以来的第四种经济地理形态，为新时代产城融合、城镇化和就业拓展提供了新动能，也已经成为新时代国家战略实施新载体。特色小镇为新时代经济社会发展做出了巨大贡献，但同时出现了认识不清、冒进、房地产化和增加政府债务风险等问题，亟待在发展模式、供给侧改革、需求侧管理和监督考核机制上进行创新。未来，一批已经入选国家名单的特色小镇将会由于严格评测而被淘汰出局，一批已经开始建设的特色小镇将会因市场竞争和发展环境变化而出现一波烂尾高峰，必须引起高度重视。

第四章　新时代中国特色小镇建设的成就和挑战

特色小镇是新时代经济社会发展的重要形态，对促进我国产业转型升级、新型城镇化、供给侧改革、乡村振兴和全面建成小康社会等具有积极促进作用。但同时也要看到我国特色小镇建设中出现了急功近利、房地产化、加大地方债务风险等问题。新时代特色小镇建设必须及时调整方向，创新模式，完善监督考核机制，争取为解决新时代社会主要矛盾做出必要贡献。

一、我国特色小镇发展历程

（一）特色小镇与特色小城镇的区别

1983年，费孝通先生提出“小城镇、大战略”，曾引起热烈讨论。今天，再提“小城镇、大梦想”，有必要对过去进行反思。小（城）镇建设主体不再是当年“村村点火、户户冒烟”的乡镇企业，小（城）镇空间载体不再完全是建制镇，也有特色小镇。特色小城镇是行政建制镇，是局域性城乡综合服务中心。特色小镇是面积在1~3平方公里之间的创新创业平台，是一种新型产业社区或综合体，是兼具生活、生态和文化传承功能的特色产业集聚地。

（二）特色小镇本身经历了四个阶段

特色小镇发展是科学的、渐进的、遵循人民对于美好生活需求的发展。特色小镇本身也经历了从低到高四个阶段。首先是解决地方基础需求，服务“三农”的第一阶段，即“小镇+一村一品”的特色小镇1.0时代；其次是帮助地方建设工业平台，吸引企业入驻形成产业规模，一镇一园的第二阶段，即“小镇+企业集群”的特色小镇2.0时代；再次是结合地方文化、促进三产融合、打造旅游休闲的第三阶段，即“小镇+服务业”的特色小镇3.0时代；最后是形成空间创新、产业创新、运营模式创新的第四阶段，即“小镇+新经济体”的特色小镇4.0时代。

（三）新时代特色小镇建设进入规范发展阶段

2014年10月，时任浙江省省长李强首次提出特色小镇概念，对云栖小镇产业创新和人才、企业集聚给予了肯定。

2015年9月，时任中国共产党中央委员办公厅主任刘鹤在浙江调研时指出，浙江特色小镇建设注重形成满足市场需求的比较优势和供给能力，是经济新常态下发展模式的有益探索，体现了“敢为人先、特别能创业”的精神。

2015年12月，习近平总书记对浙江特色小镇作出批示，指出特色小镇对产业转型、新型城镇化具有重要作用。一些学者随后提出打造供给侧小镇经济。随后全国各地特色小镇建设规划成为热潮。

2016年10月和2017年8月，国家住房城乡建设部先后公布了两批特色小镇名单，共403个，事实上是特色小城镇名单。随后国家体育总局也公布了96个体育休闲小镇名单。国家林业局和农业部也发布了特色小镇培育通知，但都不了了之。至此，特色小镇建设出现了管理多头、冒进和房地产化倾向。

为规范推进特色小镇建设，2017年12月4日，国家发展改革委牵头联合四部委下发了《关于规范推进特色小镇和特色小城镇建设的若干意见》，对特色小镇的概念、内涵、要求和重点任务进行了明确指导，尤其为特色小镇建设划出了红线。至此，特色小镇热潮有所减退，更加理性和务实，我国特色小镇建设进入规范发展阶段。

二、我国特色小镇建设取得的主要成就

近年来，特色小镇已经成为改革开放以来的第四种经济地理形态，为新时代产城融合、城镇化和就业拓展提供了新动能，也已经成为新时代国家战略实施新载体。

（一）特色小镇成为改革开放以来的第四种经济形态

特色小镇是时代发展的产物。随着时代发展，产业形态和空间集聚要求也会随着变化。特色小镇是改革开放以来的第四种经济地理形态，也是新时代主要经济地理形态之一。

改革开放以来，中国经济地理集聚的典型形态先后经历了县域经济（乡镇企业集聚点）、开发区经济（经开区、高新区等）、产业聚集区、特色小镇（产业社区、产业综合体等）。当前，只有浙江、北京、上海、广州、深圳等达到第4个阶段，其他地区还大多处于第2、第3阶段。

特色小镇（产业社区、产业综合体等）建设面积往往是1~3平方公里，所“装”产业比产业聚集区更为细分、细化，一般是围绕某高端

产业形成的组团化、网络化产业社区，但具有人居、文化传承、旅游休闲功能，是新型产城融合社群组织。

（二）特色小镇为新时代发展提供了新动能

特色小镇为新时代产城融合提供了新动能。一是聚集高端人才、高端产业，成为区域经济社会增长新增长极，促进经济高质量发展；二是注重宜居宜游空间打造，为高端人才、高端产业提供高端服务配套，城市功能高质量提升。

特色小镇成为新型城镇化进入高质量发展的新亮点。目前全国已有20多个省市和部委公布了特色小镇建设名单，小镇总数已超过2000家，正由点到面，蓬勃发展。尤其是在大城市中心区和郊区出现了一批富有创新活力的产业小镇，对旧城改造、新城建设和城乡融合发展作出了突出贡献，成为新时代高质量城镇化发展的新亮点、新抓手。

特色小镇成为新时代就业人口的新向往地。一是特色小镇本身就是创客空间，成为有激情有梦想的创业人员集聚地；二是特色小镇的特色产业需要集聚特色人才，一批又一批志同道合的新时代人才从四面八方集聚到能充分施展自身特色才能的特色小镇空间；三是特色人才和特色产业集聚会催生新的生产生活服务业发展，从而吸引一批又一批特色小镇服务人员前来就业、发展。这对解决我国新时代就业问题做出巨大贡献。

（三）特色小镇成为新时代国家战略实施的新载体

特色小镇是实现人民对美好生活向往的新空间。特色小镇可以提供优美的自然环境、浓郁的乡土风情、便捷的商业服务、丰富的就业机会、完善的医疗教育和良好的邻里关系。特色小镇既能避免大城市病，又能满足城市生活需要，并与大自然和谐相处，必将成为满足人民对美好生活需要的新空间。

特色小镇是实施乡村振兴战略的新平台。乡村振兴战略亟须解决人口和资本下乡问题，亟须提升基础设施和公共服务水平，促进农业现代化发展。着眼于农业与文化、旅游深度融合，从生产、生活、生态问题入手，建设以三产为引领、以二产和一产为依托的创意农业特色小镇，可以为上述问题提供有效帮助，并为乡村振兴战略提供农村土地集约利用的示范。

特色小镇是推动供给侧结构性改革的新载体。特色小镇可以通过新技术、新手段、新模式激活传统产业，也可以通过高端人才集聚推进新兴产业，为经济供给侧结构性改革提供有力支撑。在以城市群为主体的新型城镇化进程中，特色小镇具有成本低、产业特、体制活等方面优势，可以成为大中型城市空间的有效补充。特色小镇建设还具有土地、人才、服务等方面的体制机制创新功能，可以为全面深化供给侧结构性改革提供实验基地。

三、新时代中国特色小镇建设面临的若干问题与挑战

特色小镇为新时代经济社会发展做出了巨大贡献，但同时出现了认识不清、冒进、房地产化和增加政府债务风险等问题。未来，会有一批已经入选的特色小镇将会由于严格的评测而被淘汰出局，还会有一批已经开始建设的特色小镇将会因为市场竞争而出现一波烂尾高峰，必须引起高度重视。

（一）特色小镇建设本身出了问题

第一，存在概念不清现象。一些地区把特色小镇与产业园区、旅游景区、体育基地、美丽乡村、田园综合体等项目等同起来。一些部委也错误地将有特色的行政建制镇当成特色小镇，没有认识到这实际上是特色小城镇。国家住房城乡建设部公布的两批特色小镇名单，事实上是具有行政编制的特色小城镇。

第二，存在一些冒进苗头。目前，大部分省市均推出了特色小镇建设计划，有些基础条件较弱的省份竟然计划打造上百个特色小镇，有些缺乏基础的地级市也提出要建设几十个特色小镇，显然违背了经济规律和城镇化规律。特别是多数中西部地区仍处于工业化城镇化加

表 4.1　各省市区特色小镇和特色小城镇建设数量计划

	省份	特色小城镇	特色小镇		省份	特色小城镇	特色小镇
1	北京	—	—	17	湖北	—	—
2	天津	4	27	18	湖南	—	—
3	河北	—	82	19	广东	—	30
4	山西	50	—	20	广西	—	—
5	内蒙古	15	—	21	海南	—	100
6	辽宁	100	—	22	重庆	39	11
7	吉林	22	—	23	四川	242	—
8	黑龙江	53	8	24	贵州	30	—
9	上海	—	—	25	云南	—	105
10	江苏	—	25	26	西藏	26	—
11	浙江	—	172	27	陕西	—	10
12	安徽	—	25	28	甘肃	—	18
13	福建	27	28	29	青海	—	—
14	江西	82	14	30	宁夏	10	—
15	山东	—	117	31	新疆	—	—
16	河南	—	—	32	兵团	—	—

速发展阶段，城市群、中心城市和县域经济实力都不太强，在这种背景下培育特色小镇有一定难度。

第三，存在一些房地产化倾向。一些房地产企业召集多家设计单位，集结一些所谓的特色小镇专家设计出志在拿地的特色小镇规划，搅乱了特色小镇发展方向。一些开发区或产业园区通过特色小镇概念，在园区内或周边设计出所谓的小镇宜居空间，目的是拿地或转变原来土地性质进行房地产开发。一些地方政府为吸引投资或彰显政绩，也主动或被动接受实为房地产开发的概念化特色小镇建设投资。

第四，存在增加政府债务风险。一些自身财政实力薄弱，债务高筑的地方政府也希望利用国家政策资金或尚未实体化转型的融资平台公司举债建设特色小镇，对债务总量和偿债资金来源缺乏周密考虑，使政府债务风险逐渐累积。尤其是中西部一些欠发达地区，为了吸引特色小镇建设主体，不惜通过各种手段举债为特色小镇进行配资或配套服务，大大增加了政府债务，也滋长了建设主体投机意愿。

（二）特色小镇发展模式突破性创新不足

首先，解决特色小镇综合治理问题需要模式创新。在空间距离方面，众多特色小镇远离城市服务中心，存在一定程度的空间分割问题。在功能设计方面，一些特色小镇存在一定程度的产业过度单一化和传统工业化问题，有可能仅仅成为某种原材料的加工制造园区。在土地利用方面，一些小镇的产业空间、生态空间和生活空间存在一定碎片化倾向，有可能产生土地不集约现象。在运营机制上，不少小镇的直管政府部门和主体建设企业的责任边界设计不合理，存在一些互相扯皮推卸责任现象。

其次，适应宏观环境和国际比较优势变化需要模式创新。新时代我国宏观环境和国际比较优势正在发生急剧变化，人口红利正向人才红利转变，土地红利正向空间治理红利转变，政策红利正在向服务环境优势转变，改革开放优势正向新型全球化竞争与合作转变，区域地理优势正向区域一体化优势改变，这就要求新时代特色小镇及时调整发展方向，创新发展模式。

最后，实现特色小镇空间转向需要模式创新。特色小镇的特色还体现在其独特的空间导向属性上，小镇空间不是简单产业、文化、旅游、人居功能的堆砌，而是对城镇化、产业园区、文旅元素和社区等功能元素的有机融合，打造出新型的综合性产城人文发展平台。结合城镇化发展中的全球化、一体化、智能化、市场化、复合化、人本化、生态化与现代产业园区的节点化、集聚化、平台化、多元化、高端化、低碳化，特色小镇建设的空间导向应是网络化、多中心化、双创化、社群化、绿色化的创建模式。

（三）特色小镇发展要素供给侧结构性改革滞后

首先，特色小镇的人才供给政策需要改革创新。依托产业发展起来的特色小镇往往城市功能较弱，缺乏高端人才必需的基本公共服务和设施。如果是特色小城镇，处于行政等级的最底层，面临县域行政中心的人才吸引压力，容易成为空心镇或仅具有一般集市功能的小镇。据统计，国家住房城乡建设部公布的首批特色小镇中有近1/3的小镇面临人口净流出的压力。因此，特色小镇建设必须创新人才供给政策，才能吸引到足够的人口支撑小镇发展。

其次，特色小镇金融支撑体系需要创新。特色小镇建设投资规模大、周期长，必须通过一定金融手段来解决资金问题。但我国特色小镇金融体系存在明显短板：一是金融体系在特色小镇融资中缺乏效率；二是特色小镇金融概念多，但真正实施的较少；三是大量特色小镇金融瞄准的是房地产或政府投资的基础设施工程；四是特色小镇产业金融存在功能缺失，零散项目融资多，整体项目融资少，总体金融配置效率较低。

最后，特色小镇的土地模式亟待创新。一是国家部委还没有发布相对完整明确的特色小镇土地政策；二是城乡建设用地增减挂钩与特色小镇用地落实政策需要明晰；三是存量土地转换为特色小镇用地政策需要明确；四是如何因地制宜推进低丘缓坡地用于特色小镇建设路径需要悉心设计；五是如何以共享发展为前提，通过农村宅基地、集体建设用地和农业用地合理流转与有偿退出，来获得特色小镇建设用地指标还没有真的形成权威规范的制度。

（四）特色小镇发展需求侧结构性管理存在缺陷

首先，无产业需求市场支撑的特色小镇恐举步维艰。浙江特色小镇现象不是无中生有，而是与其发达市场经济和民营经济密切相关，良好的“块状经济”基底、创新创业的良好生态和厚实的市场需求促成了浙江特色小镇现象。一些欠发达地区，或盲目引进落后产业，或异想天开地发展文创产业，或打造没有旅游吸引物的旅游基础设施，势必会造成一些烂尾小镇。

其次，不具备市场连接优势的特色小镇恐难成气候。一些所谓的文旅小镇地理位置偏远，没有足够的周边市场支撑，仅靠吸引几百公里的以外的远方游客来维持运营，其成功率会比较低。一些制造类的产业小镇，由于交通不变，距离消费市场或原料市场也较远，单是打造制造类产业园区就很困难，更遑论特色小镇了。一些新兴科技特色小镇由于没有与消费市场和人才市场形成良好互动，单是人才引进一项问题就会将特色小镇扼杀在摇篮里。

最后，原住居民没有需求的特色小镇恐劳民伤财。一些特色小镇建设，没有考虑人口集聚的来源，设计出了大量不适宜居住的空间，有可能成为空镇、“鬼镇”。一些特色小镇建设，为了便于统一开发运营，通过多种手段将原住民彻底迁出，造成了空心住宅、空心商铺林立的局面。一些开发商不顾历史小镇发展方向和实际诉求，强行冠以特色小镇概念，不仅毁坏了原有民俗风情，也损坏了特色小镇形象。

（五）特色小镇评测、监督、考核机制不健全

目前，特色小（城）镇建设取得了十分显著的成就，但也存在一些认识偏差和发展错位现象。为回归特色小镇的基本价值，建立有效约束和激励机制，亟待建立相对完善的标准体系和监督考核机制，对特色小镇建设进行理论修正和现实纠偏。当前，我国特色小镇建设考评主要存在以下问题：一是没有形成有效的特色小镇统计流程和体制机制；二是没有制定出权威完整的量化考核指标体系；三是没有可以落地的政策和资金奖惩措施；四是省及省级以下特色小镇申报评估存在地区平衡主义倾向，一些地方评估考核部门存在能力不足问题，即不清楚特色小镇的基本要求和标准。

典型产业小镇案例

杭州市西湖区云栖小镇

云栖小镇位于杭州市西湖区之江新城的中部，东北距湖滨商圈直线距离约15公里。其规划范围以转塘科技经济园区为基础，东至四号浦，南至袁浦路，西至龙山工业安置区，北至绕城公路、狮子山，用地面积4.38平方公里；东西两侧用地面积向外拓展至9平方公里。

云栖小镇自然环境优越，风景秀美，周边有五云真迹、云栖竹径、九溪烟树、梅坞问茶等新西湖十景。小镇森林覆盖率达70%，PM2.5浓度远低于市区平均值。小镇按照打造产业生态小镇的标准，实施道路、绿化等景观提升改造，促使建筑与优美的自然环境和谐统一。同时，小镇还配套建设餐饮、商业、金融、交通、娱乐、休闲、运动等设施，设有“云咖啡”“IT 茶馆”等形式的工程师交流平台。亦城亦景，小镇在山水景观和现代建筑之间拿捏得恰到好处，带给人不同寻常的生活工作体验。

云栖小镇是以云计算为科技核心，大数据和智能硬件产业为主导产业的特色小镇。同时小镇也将努力建设成为浙江特色小镇建设的示范镇、中国创业创新第一镇，探索出一条产业、文化、旅游、社区功能融合发展，体制机制灵活的新型城镇化建设之路。截至目前，小镇累计完成投资额32.36亿元，特色产业投资比重高达73.6%，特色产业发展势头良好。

现阶段，云栖小镇以阿里云平台为基础，全力扶持云上创业创新企业和团队，集聚包括游戏、移动互联网、APP 开发、电子商务、互联网金融、数据挖掘等细分领域上千家优秀的创新型科技类企业，引进十家以上创投机构，打造完整的云计算产业链。云栖小镇迄今已有

618家企业入驻，4家企业为全国或世界500强企业，这些企业已获得专利数106个。此外，小镇还设立企业服务中心，为入驻企业提供工商注册、人才招聘、项目申报、财政报批等服务，逐步形成“云计算生态”“智能硬件”社区。目前，小镇已经吸纳就业人数8115人。

小镇最具创造性的亮点在于设立创业创新引导区，采用“政府主导、名企引领、创业者为主体”的运作方式，发展以云计算为代表的新一代信息经济产业，构建了“创新牧场—产业黑土—科技蓝天”的创新生态圈。

云栖小镇是中国首个云产业生态联盟——“云栖小镇联盟”的诞生地，也是阿里云开发者大会（现改名为云栖大会）的永久举办地，具有浓厚的产业文化氛围。值得一提的是，小镇正在积极筹建西湖大学，旨在形成云栖小镇独有的创新创业文化，使文化建设成为云栖小镇的核心竞争力，使云栖小镇成为创业创新的工程师、行业精英学习创业的圣地。如今的云栖小镇，已然拥有了全球规模最大的云计算以及DT时代技术分享盛会，这会不断吸引大批高端人才前来交流分享，更是为小镇的发展添砖加瓦。

目前，云栖小镇共建设有八个功能组团，分别为：创业孵化区、创业服务区、云存储云计算产业区、工程师社区、成功发展区、国际化生活区、生活配套区和创业创新拓展区。未来，这八个区域将进一步加强合作，实现真正意义上的协调发展，共同进步。

随着时间的推进，我们有理由相信，云栖小镇终有一日将成为云计算大数据科技创新创业的圣地，创新人才集聚的高地，科技人文的传承地。

参考文献

[1] 王景新，支晓娟. 中国乡村振兴及其地域空间重构——特色小镇与美丽乡村同建振兴乡村的案例、经验及未来. 南京农业大学学报（社会科学版），2018-3-8

[2] 谭荣华，杜坤伦. 特色小镇“产业+金融”发展模式研究. 西南金融，2018（3）

[3] 邹心平. 特色小镇研究中应厘清的几个问题. 赣南师范大学学报，2017-12-25

[4] 唐慧. 国内特色小镇研究综述. 湖北经济学院学报（人文社会科学版），2018-3-15

[5] 罗珊. 特色小镇集体经营性建设用地入市的现状、创新模式与路径优化. 山东农业大学学报（自然科学版），2017-9-12

[6] 王新越，候娟娟，韩霞霞. 中国特色小镇空间分布特征及影响因素研究. 规划师，2018（1）

[7] 李志强. 特色小镇“全域化”生态治理：政治语境、系统建构与政策路径——基于苏浙案例的分析. 城市发展研究，2018（2）

第五章

国内特色小镇建设的经验与政策启示

近年来，基于不断变化的城市和区域环境，我国各个地区均在大力推进特色小镇建设。其共同目的是培育经济社会发展新动能，提升城镇化发展质量，促进当地经济、社会转型，如期全面建成小康社会，并更好地服务国家中长期发展战略。从发展情况看，特色小镇已经成为各种政策的有机结合体，充分展现了我国历史经典产业和新兴产业的发展活力，也彰显了我国不同地区的文化、旅游魅力。然而，受资源、环境、人口和市场等因素制约，不同地区特色小镇建设路径和效果差异较大。分析我国不同地区特色小镇发展路径、效果和动因，借鉴相关经验和教训，对于我国继续有效推进特色小镇建设具有重要积极意义。

第五章 国内特色小镇建设的经验与政策启示

近年来，我国东部、中西部和东北地区都在积极推进特色小镇建设，从产业培育、资源整合、模式设计到政策保障都进行了不同程度改革创新，为新时代特色小镇建设积累了宝贵经验，也为促进特色小镇模式创新提供了重要基础。

一、我国特色小镇建设的探索和实践

2014年以来，我国特色小镇从浙江起源，蓬勃发展，在全国掀起了一股建设热潮。从政策实施路径看，主要形成了三种模式：一是以国家发展改革委为主牵头部门，省级及以下也由发展和改革部门牵头，制定政策，并开展创建、评审等工作，如浙江、吉林、海南、福建、重庆、甘肃、河北、天津、江苏、云南、广东等省市发展改革委出台了关于培育特色小镇相关的文件，以特色小镇为主，以特色小城镇为辅；二是以住房和城乡建设部为主牵头部门，省级及以下也由住房和城建部门牵头，制定政策，并开展创建、评审等工作，如贵州、西藏、辽宁、安徽、广西、山东、内蒙古、江西、湖北等省区住房和城建部门出台了关于培育特色小镇相关的文件，原则上是以建制镇为单元的特色小城镇；三是直接以住房和城乡建设部、国家发展改革委、国家农业部、国家林业局和国家体育总局的相关文件为指导，开展特色小镇相关工作，如北京、上海、山西、河南、新疆等省市区到目前为止并没有发布本省市区的特色小镇指导意见。

总体而言，不同特色小镇发展模式的共同点是突出地域发展优势，加强产业资源整合，加大政策支持力度，克服体制机制障碍，建设具有当地特色和符合国家与时代发展要求的特色小镇，从而更好推进当地新型城镇化和经济社会发展。特色小镇建设要求政府引导、市场化运作和以企业为主体，不同省份推进特色小镇建设的进展差异较大，呈现出以下四个发展特征。

一是特色小镇成为各种政策的有机结合体。随着新时代各种战略和政策的出台，多个地方成立了特色小镇工作领导小组，特色小镇已经成为各种国家战略和政策落地的重要抓手，成为多种政策的有机结合体。首先，基于产业转型升级和大众创业万众创新的号召，特色小镇成为全国各地重要的产业转型升级平台或双创平台，成为新兴产业和高科技产业的重要集聚社区；其次，基于全面建成小康社会和乡村振兴战略的要求，特色小镇成为重要的精准脱贫和返乡创业平台，成为城乡结合部的重要资源整合区和增长极，成为新兴城镇化创新发展的新模式；最后，基于新时代社会矛盾转化和物质生活文化需要，特色小镇成为供给侧改革的新载体和实现人民对美好生活向往的新空间。

二是特色小镇呈现出明显的区域性特征。首先，与我国经济发展一样，呈现出较强的地带性特征。东部特色小镇和小城镇的数量较大，中西部特色小镇和小城镇的数量较小。其次，从特色小镇的选址来看，大中型城市的市中心、市郊、产业园或文化旅游景区是特色小镇的重点依托区域。如浙江杭州云栖小镇、北京密云古北水镇、深圳天安未来科技小镇、浙江舟山禅意小镇等。最后，不同区域政府和企业对特色小镇支持力度存在较大差异。相对发达地区的政府和企业推进特色小镇建设的力度相对较高，欠发达地区特色小镇建设处于政策和战略跟随状态。

表 5.1　国家公布的特色小镇和特色小城镇数量分布情况

排序	省份	第一批特色小镇	第二批特色小镇	体育小镇	总数
1	山东省	7	15	5	27
2	江苏省	7	15	4	26
3	浙江省	8	15	3	26
4	广东省	6	14	5	25
5	四川省	7	13	4	24
6	湖北省	5	11	6	22
7	湖南省	5	11	5	21
8	河南省	4	11	3	18
9	安徽省	5	10	3	18
10	广西壮族自治区	4	10	4	18
11	河北省	4	8	6	18
12	贵州省	5	10	2	17
13	云南省	3	10	4	17
14	福建省	5	9	3	17
15	重庆市	4	9	4	17
16	陕西省	5	9	3	17
17	辽宁省	4	9	3	16
18	山西省	3	9	3	15
19	江西省	4	8	3	15
20	内蒙古自治区	3	9	2	14
21	上海市	3	6	4	13
22	北京市	3	4	6	13

续表

排序	省份	第一批特色小镇	第二批特色小镇	体育小镇	总数
23	黑龙江省	3	8	1	12
24	新疆维吾尔自治区	3	7	1	11
25	吉林省	3	6	2	11
26	海南省	2	5	2	9
27	甘肃省	3	5	1	9
28	西藏自治区	2	5	1	8
29	宁夏回族自治区	2	5	1	8
30	青海省	2	4	1	7
31	天津市	2	3	1	6
32	新疆建设兵团	1	3		4

三是七类特色产业成为特色小镇的主打产业。从全国特色小镇主导产业看，主要有金融基金类、新兴科技类、制造产业类、商贸时尚类、农业田园类、文化旅游类和运动休闲类等七大类。其中，浙江民营经济发达，文化旅游资源丰富，各类新兴产业和经典产业小镇成为全国各地学习榜样。江苏实体经济优势突出，各种新兴科技类特色小镇建设也表现出强劲发展势头。中西部地区文旅类产业小镇较多，其重要原因是新兴科技产业发展相对滞后，而不是因为文化旅游资源较多。

四是宜居宜游和文化特色是特色小镇的重要切入点。首先，宜居宜游和文化传承之所以成为宣传点是因为宜居宜游是国家特色小镇建设的基本要求；其次，一些特色小镇打造的就是旅游小镇或文化小镇，旅游、居住、文旅既是小镇的资源特点也是小镇本身的主体产业，比如梁祝小镇、桃李春风小镇、丝绸小镇等；再次，特色小镇要走差异化道路，文化、旅游、建筑等资源较容易找到特色，适合走差异化的道路，比如非遗类的紫砂壶小镇，有产业、有文化、有旅游，具有鲜明的产业特色和文化旅游特色；最后，旅游类、文化类小镇的标准比较模糊，各种关于人物、事件、资源都比较容易冠以文化二字，进而冠以文化旅游小镇的名字。

二、我国特色小镇建设的共性影响因素

从各地区实践来看，各地区特色小镇建设与发展路径具有较强发展共性。归纳起来，产业支撑、资源整合、发展模式和政策体系是影响我国特色小镇建设的共性因素。

第一，产业崛起是特色小镇持续发展的根本动力。

从浙江特色小镇成功经验看，产业发展壮大是特色小镇发展的原始动力。如代表现代新兴产业和科技的西湖云栖小镇，代表经典产业的龙游红木小镇，代表旅游业的武义温泉小镇，代表传统产业升级的诸暨袜艺小镇、桐乡毛衫时尚小镇，均具有较强的产业支撑能力，均是围绕主导产业而发展起来的。

相反，从浙江省发展不太理想的特色小镇来看，如南浔善湖笔小镇、磐安江南药镇、苍南台商小镇等，这些小镇之所以被浙江省列入警告类小镇，均是由于其主导产业的竞争力和带动能力出了问题。这些小镇的产业也曾经具有较强的国内外竞争力，但随着时代发展，其产品创新程度和市场接受程度出现了一定下滑，小镇根基就受到了动摇。

因此，不难看出，随时间推移，缺乏产业资源及运营战略的特色小镇将提前退场，失去产业支撑及可持续发展潜力的小城镇将落于人

后。特色小镇、小城镇建设必然在优胜劣汰中回归其价值本位，健康发展，从而真正发挥其时代意义。

第二，邻近地区的市场资源是影响特色小镇成败的重要因素。

特色小镇所在地人才市场、金融市场、消费市场、基础设施和公共服务等资源基础是特色小镇发展的基础性条件。从特色小镇的区域分布来看，即使增加区域平衡考虑的因素，特色小镇“东多西少”的特征依然十分明显，这与地区经济基础、资源配置等息息相关。

围绕特色小镇主导产业的网络性资源的可整合性是特色小镇发展的重要环境性条件。东部地区高质量生产要素投入远超中西部地区，物质技术基础相对雄厚，各种富有弹性的企业发展网络成为短期内中西部地区不可跨越的优势，更适合发展功能性产业小镇。中西部地区特色小镇建设过程中，不缺乏良好的概念创意和独特的资源优势，但如果缺乏良好的特定产业网络，特色小镇建设就容易陷入孤岛式发展路径。

第三，发展模式是特色小镇可持续发展的战略支撑。

从政府和企业关系看，特色小镇发展模式可以分为政府主导、企业主导和政企合作模式。政府主导的特色小镇容易出现问题，这是因为政府往往缺乏足够的产业市场运作能力，但优点是筹措特色小镇建设资金相对灵活方便。企业主导的特色小镇建设容易成功，但筹措资金比较困难，如果步子过快容易陷入资金链断裂的困境。政企合作的特色小镇建设模式备受推崇，但总是容易在政府、企业的责权利边界上出现问题，成功时容易倒向政府主导的模式，失败时容易让企业来买单。

从特色小镇产业运营看，特色小镇发展模式可以分为产品和服务输出型和就地消费服务型两种。产品和服务输出型特色小镇的主导产业决定了特色小镇的发展上限和存在的机遇与挑战。主导产业市场前景广阔并且具有厚实的本地市场是特色小镇持续发展的关键。位置和运营能力是就地消费服务型特色小镇的关键，那些具有不可移动性独特优势资源、良好区域位置和市场运营能力的就地消费服务型特色小镇具有相对美好的未来。

第四，价值观念和专项政策对特色小镇具有导向和保障作用。

对特色小镇的看法直接影响了地方政府和企业决策。浙江省在国家推出特色小镇相关政策之前已对特色小镇进行了深度实践和政策探索，自然成为我国特色小镇发展的先锋区。在国家住房和城乡建设部等部委推出特色小镇政策文件后，先后有26个省市区推出了当地特色小镇指导意见，对当地特色小镇建设起到了极大的推动作用。

不同的特色小镇政策导向直接影响了地方特色小镇的建设进程。实行创建制的省区一般采取宽进严定、动态培育、实绩摘牌、兑现奖补，奖补形式多样，如采取新增税收返还、用地指标倾斜、财政奖补、贷款贴息等多种方式的政策支持。实行“命名制”的省市一般按区域平衡原则，先认定每个地市若干个特色小城镇，再提出规划建设要求，政策支持方式显得单一和薄弱。目前来看，实行“命名制”容易产生过热现象，实行创建制则相对比较稳妥。

三、启示和建议

第一，围绕新时代发展要求，建立与时代要求相适应的特色小镇发展目标。

首先，要围绕新时代产业发展要求建设产业小镇。新时代要求发展战略性新兴产业和历史经典产业，也要求传统产业转型升级。因此，特色小镇的产业选择最好是战略性新兴产业和具有文化传承和广阔市场的经典产业。如果是传统产业，最好与新时代文化创意和市场需求进行深度结合。总之，特色小镇要具有产业转型升级功能。

其次，要围绕新时代的城镇化发展要求建设特色小镇。新时代的城镇化是高质量的城镇化，必须走绿色发展、协调发展、创新发展、开放发展和共享发展之路，必须在“五位一体”总体布局和“四个全面”战略布局下发展。总之，新时代的特色小镇建设必须为新时代新型城镇化作出贡献。

最后，围绕新时代的社会主要矛盾和国家战略建设特色小镇。新时代的特色小镇必须要围绕解决人们对美好生活的需要与发展不平衡不充分矛盾展开，特色小镇建设必须要坚持目标导向和问题导向统一。新时代特色小镇要为国家战略提供必要服务，尤其是要结合中国制造2025、精准扶贫攻坚战、乡村振兴战略和全面建成小康社会等作出必要贡献。

第二，借鉴各地区特色小镇经验教训，设计切实可行的特色小镇产业模式。

首先，要重视小镇主导产业本身的成长性和集群可能性。产业是小镇建设的生命源泉，必须选择符合新时代发展要求和具有高成长性的产业，不能选择技术落后、产能过剩甚至会在可预见的时间内淘汰的产业。同时，如果主导产业难以形成集群也不具备成为特色小镇主导产业的条件，只有具有集群可能性的产业才有能力托起特色小镇发展的未来。

其次，要理顺政府和企业的合作关系，要确立政府引导、市场化运营和以企业为主体的发展模式。政府引导的主要任务是设计好政策框架要求，并为被政府认可的特色小镇提供必要的基础设施建设和基本公共服务。特色小镇建设主体应为企业，企业必须具有独立运营能力，而不是靠政府奖补资金维持特色小镇基本运转。

最后，要重视邻近地区市场资源的可整合性。邻近地区市场资源的可整合性是影响特色小镇成败的重要因素。良好的创意和产品服务能力是否能寄托于特色小镇这个载体上，很大程度上取决于特色小镇自身及周边市场资源的网络支撑能力，只有当能和自身邻近市场资源充分融合的情况下才有可能建设出具有成长性和竞争力的特色小镇。

第三，建立相对统一的特色小镇基本评测标准，加强特色小镇的规范性治理。

特色小镇多元化、多样性决定了特色小镇难以形成统一的评测标准。从特色小镇自身而言，其类型多样，主导产业和建设目标不尽相同，不同类型小镇之间的差异显而易见。加之不同地域经济社会发展基础不同，东部特色小镇、小城镇建设相对更具优势。但这些差异有其客观性与必然性，也是中国特色小（城）镇发展动力与发展潜力之所在。

但是，特色小镇建设必须建立相对统一的基本评测标准体系。新时代特色小镇建设至少应重视以下几个方面的内容：一是特色小镇的产业基础和发展潜力，这是特色小镇最核心的因素；二是特色小镇建设面积要控制在1~3平方公里，具体情况具体分析，但不能过大或过小；三是特色小镇建设必须重视人居功能，但前提是有产业支撑，防止以人居功能为名行房地产之实；四是要重视文旅元素，除了旅游类的特色小镇，其他特色小镇要严格按照景区标准建设，但必须考虑文化传承和旅游功能，文化应该是围绕主导产业的文化和适当的民俗结合，旅游应该是生产、生活、生态景观的融合。

最后，必须实行严格创建制、达标制，而不是命名制。各级政府应该为已经建设并达到基本要求的特色小镇提供必要奖补资金或其他优惠政策，而不是命名就给奖补资金。在实施创建制过程中，实行宽进严出、先建设后补助政策，对一些符合基本创建标准的特色小镇投资企业提供必要的优惠政策和先行先试的创新机会。

第四，围绕国家特色小镇建设政策指向，及时建立和完善当地特色小镇发展的政策保障体系。

首先，国家发展改革委应尽快出台更为具体的特色小镇申报通知和奖补政策。目前，国家发展改革委联合其他部委已经下发了关于规范推进特色小镇的意见，但具体实施意见和第三批特色小镇申报通知还没出台。由国家发展改革委出台的第三批特色小镇申报通知将为新时代特色小镇建设提供最新的行动指南。

其次，地方政府要有所作为，建议对照国家发展改革委关于规范推进特色小镇的意见及时完善当地特色小镇政策。可以通过入股、租赁等形式加快特色小镇的项目用地审批流程；可以通过建立专项产业基金等形式为特色小镇提供融资支持；可以通过制定各类人才计划和返乡创客政策为特色小镇提供人力资源支撑；可以通过税收减免等形式为特色小镇建设的长远发展提供现金流支持。

最后，特色小镇建设要顺应产业发展规律，不可急功近利。目前成为大家心中特色小镇典范的特色小镇一般都不是强行规划设计出来的，而是在顺应产业规划、城镇化规律和时代要求的基础上发展起来的。比如大家熟知的杭州云栖小镇、义乌商贸小镇和杭州乌镇等。当初建设的目的可能主要是打造一个新兴产业集群、小商品集散地、会展旅游目的地，而随着产业的发展和国家特色小镇概念的提出，才有后来的特色小镇的概念。因此，特色小镇建设不可任意设计，也不可拔苗助长。

传统产业升级小镇案例

嘉兴市桐乡市毛衫时尚小镇

桐乡“毛衫时尚小镇”位于桐乡市东部濮院镇，濮院地处长江三角洲平原腹地，沪、杭、苏中间节点位置，是全国重点镇、全国小城镇建设示范镇、全国环境优美小城镇、国家卫生镇、中国羊毛衫名镇、中国市场名镇。小镇交通便利，有320国道、申嘉湖高速公路、嘉湖公路、嘉桐公路、京杭大运河等交通要道。毛衫时尚小镇以羊毛衫市场为龙头，是全国最大的羊毛衫集散中心，便利的交通为毛衫产业的发展、集聚提供了良好的物流基础。2017年小镇累计完成投资额51.9亿元，其中特色产业投资占比接近69%。小镇在原有羊毛衫产业的基础上，进行转型升级，向中、高端的专业市场发展，同时通过引进国际高端设计研发人才、加强与国内外知名大学合作、创新技术开发、扶持一批著名品牌等途径，来引领世界毛衫、服饰时尚潮流。毛衫时尚小镇旨在建设成为集聚创意设计、针织材料开发、毛衫文化展示、流行趋势发布和旅游驱动为一体的国际一流特色小镇。

濮绸的发展为小镇纺织产业的发展提供了基础，百余年的积累，使得濮院很早就形成了纺织产业的发展优势。濮院毛衫产业兴起于20世纪70年代末，经过30多年的发展，形成了以羊毛衫市场为龙头，包括纺纱、编织、印染、机械制造、包装等在内的完整产业链，这是目前全国毛针织服装产业配套最齐全的纺织业集群。目前小镇吸纳就业人数22787人，年缴纳税收额达到2.1亿元。

濮院毛衫时尚小镇在获批省重点特色小镇前以毛衫加工业为主，产业模式较为传统，在规模化和整体提升方面还有所欠缺。小镇在获批省重点特色小镇后，以整体提升小镇功能为主线，重塑产业附加值和竞争力，汇聚创业精英，培育本土企业，集聚本土时尚品牌，积极推动濮院时尚产业向品质化、品牌化和时尚化发展，全面推进传统毛衫市场转型升级。迄今为止，小镇入驻企业数达876家，入驻企业发明专利拥有量高达512个。

目前，毛衫时尚小镇共有六大项目，分别是濮院毛衫时尚服饰暨世界毛衫博览中心建设项目、濮院轻纺城项目、濮院羊毛衫市场提升项目、古镇观光区项目、生态度假区项目、时尚文化创意区项目。完备的项目机制和创建规划使小镇从传统手工业开始向制造业的研发设计、市场营销、博览展示、电子商务等方向延伸，并提供会计、融资、培训、孵化、住宿、休闲、办事等生产生活性服务，形成一个将生产、设计、市场、文化、环境、生活等结合起来的综合功能更完善的“平台”。作为明清时期丝织业专业市镇和江南五大名镇之一，濮院古镇街区仍保持原有的建筑风格，香海寺、翔云观、东岳庙、关帝庙等知名建筑，以及留名千古的濮川八景，这些建筑和景色使小镇具有较高的历史价值、艺术价值和人文价值，为历史文化时尚旅游小镇的打造提供了先决条件。

参考文献

[1] 周鲁耀，周功满. 从开发区到特色小镇:区域开发模式的新变化. 城市发展研究，2017（1）

[2] 盛世豪，张伟明. 特色小镇:一种产业空间组织形式.浙江社会科学，2018（3）

[3] 闵学勤. 精准治理视角下的特色小镇及其创建路径.同济大学学报（社会科学版），2016-11-14

[4] 姚尚建. 城乡一体中的治理合流——基于特色小镇的政策议题. 社会科学研究，2017（1）

[5] 卓勇良. 创新政府公共政策供给的重大举措——基于特色小镇规划建设的理论分析. 浙江社会科学，2016（3）

[6] 黄毅，覃鉴淇. 特色小镇及其建设原则、方法研究综述. 广西经济管理干部学院学报，2017-1-15

[7] 易开刚，厉飞芹. 基于价值网络理论的旅游空间开发机理与模式研究——以浙江省特色小镇为例. 商业经济与管理，2017（2）

[8] 张晓欢. 特色小镇建设面临的问题与对策. 新经济导刊，2017（11）

第六章

中国特色小（城）镇建设的一般路径与政策建议

在创建特色小（城）镇的过程中，不同地区根据自身资源条件和时间节点选择了不同的发展路径。从发展主体看，主要分为建制镇、产业载体和新建平台。从金融路径看，除了投资企业的自筹资金外，主要是国家专项建设资金、国家和各省相关部门专项转移支付、政策性银行贷款等。从开发路径看，主要可分为生产侧、生活侧、生态侧三种。未来，我们应以打造供给侧小镇经济为主线，以产业建镇为核心促进文化、旅游、社区协同发展，从时空维度和发展目标来科学确定小镇发展方向和建设主体，以小镇主导产业自身能力为基础大力发展小镇产业基金，以产业驱动为起点有序补齐小镇功能性短板，果断放弃一批不具备建设条件的特色小（城）镇建设计划。

目前，国家住房城乡建设部和国家体育总局先后公布了499个特色小（城）镇建设名单，受到了社会各界的广泛关注。尤其是在特色小（城）镇建设中，如何对接国家政策、金融机构和建设运营机构成为大家热议的话题。基于特色小（城）镇建设路径视角，笔者对不同类型的特色小（城）镇进行了广泛调研，对相关经验教训进行了系统性梳理，并给出了相关政策建议。

一、特色小（城）镇建设政策路径逐渐清晰

当前，我国特色小（城）镇建设政策性文件已经很多，但具有权威性和代表性的政策性文件主要来自国家住房城乡建设部、国家发展改革委、国家体育总局和相关金融机构。

（一）特色小（城）镇申报工作将由国家发展改革委主导

关于特色小（城）镇申报的通知主要有三个：一是2016年7月1日国家住房城乡建设部村镇司发布的《国家住房城乡建设部、国家发展改革委、财政部关于开展特色小镇培育工作的通知》（建村〔2016〕147号）；二是2017年5月26日国家住房城乡建设部发布的《住建部办公厅关于做好第二批全国特色小镇推荐工作的通知》（建

办村函〔2017〕357号）；三是2017年5月9日国家体育总局发布的《体育总局办公厅关于推动运动休闲特色小镇建设工作的通知》（体群字〔2017〕73号）。事实上，就是国家住房城乡建设部发布了两次关于特色小镇申报的通知，国家体育总局发布了一次申报通知。

事实上，上述前两个通知均是国家住房城乡建设部独家发布，公布的403个特色小镇名单也均是建制镇，这与特色小镇是“非镇非区”的基本概念相矛盾。上述第三个文件及后来公布的96个特色小镇在内涵和概念上则比较模糊，其实际上既包含了一些建制镇，也包含了一些非建制镇。值得注意的是，依据发展改革委《关于规范推进特色小镇和特色小城镇建设的若干意见》（发改规划〔2017〕2084号），第三批国家特色小镇和小城镇申报工作将由发展改革委主导。

（二）特色小（城）镇基本要求有了明确的指导性文件

关于特色小（城）镇建设的指导性文件主要有两个，均来自发展改革委。一是2016年10月8日发布的《国家发展改革委关于加快美丽特色小（城）镇建设的指导意见》（发改规划〔2016〕2125号）。该文件明确指出特色小（城）镇包括特色小镇、小城镇两种形态，前者是非建制镇，后者是建制镇。该指导意见中对特色小（城）镇建设进行了全方位分析和指导，重点提出要“统筹地域、功能、特色三大重点”“分类施策”“探索城镇发展新路径”，这为不同区位、不同产业资源、不同发展阶段的特色小（城）镇建设指明了方向。

二是2017年12月4日国家发展改革委联合国土资源部、环境保护部、国家住房城乡建设部联合发布的《关于规范推进特色小镇和特色小城镇建设的若干意见》（发改规划〔2017〕2084号）。该文件是在十九大之后发布的，是关于特色小镇建设贯彻落实十九大精神的重要指导文件，不仅呼应了国家新型城镇化试点工作，也很好地衔接了乡村振兴战略。该意见明确了发展改革委是今后特色小镇和特色小城镇的牵头单位，也明确了企业是建设主体，并将特色小镇和特色小城镇的命名制改为创建制、达标制，这对特色小镇和小城镇建设起到了良好的纠偏作用。

（三）特色小（城）镇建设的金融支持办法有所创新

关于特色小（城）镇建设的金融机构支持办法，主要有三个文件，即国家住房城乡建设部和建设银行联合下发的《住建部、中国建设银行关于推进商业金融支持小城镇建设的通知》（建村〔2017〕81号）、国家发展改革委关于"千企千镇工程"的《关于实施"千企千镇工程"推进美丽特色小（城）镇建设的通知》（发改规划〔2016〕2604号）、国家发展改革委和国家开发银行联合下发的《关于开发性金融支持特色小（城）镇建设促进脱贫攻坚的意见》（发改规划〔2017〕102号）。

上述三个文件均是关于金融机构如何参与到国家特色小（城）镇建设中的纲领性意见。这说明国家在支持特色小（城）镇建设中，对金融扶持政策进行了一定程度的创新，并落实到了相应金融机构上。尤其是将光大银行列为金融支持机构，这是我国城镇化建设中政策性金融的重要创新。

二、我国特色小（城）镇建设的实施路径及面临的问题

依据国家特色小（城）镇的指导意见，不同地区根据自身条件和发展潜力选择了不同的发展路径。从发展主体、金融路径和开发路径来看，呈现出了多元化的发展特征，积累了丰富的经验，同时也暴露了一定的问题。

（一）特色小（城）镇的三类主体均呈现出了概念化和房地产化倾向

建制镇、产业载体和新建平台是特色小（城）镇发展主体的三类主要表现形式。国家特色小镇从行政空间上看，主要分为建制镇和非建制镇两种形态。非建制镇特色小镇主要分为具有一定发展基础的产业载体和不具有产业基础但具有产业发展潜力的新建创新创业平台。其中，具有一定产业基础的产业载体主要有三类：一是某产业园区；二是旅游景区；三是房地产企业开发的生活服务区。

表 6.1　特色小（城）镇发展主体形式

行政空间	形态	空间内容	备注
建制镇	专业小镇	历史形成	历史经典产业
	经济大镇	现代经济	现代经济大镇
非建制镇	产业载体	产业园区	具有科技产业基础
		旅游景区	打造旅游小镇
		生活服务区	打造综合服务小镇
	新建平台	创新创业平台	具有发展潜力

资料来源：根据相关研究整理。

然而，三类主体均呈现出了一定的房地产化倾向和概念化倾向，一些房地产项目、产业园区、景区或住宅项目纷纷以特色小镇名义开始寻求立项，造成了恶劣影响。

（二）国家层面的特色小（城）镇建设政策性资金执行进度缓慢

目前，在建特色小镇或小城镇的资金主要是来自企业自筹，并且对国家层面的资金抱有较大期望。

第一，投资企业自筹资金主要有三个渠道：一是自有存款或投资合伙人存款；二是抵押贷款；三是借助政府相关平台成立的相关产业基金。个别特色小镇建设主要依靠补贴政策维持运转，如依赖税收优惠、资金补贴、用地倾斜等政策优惠维持运转。值得注意的是，贷款和补贴政策在不同地区存在较大差异，尚未形成规范操作标准。

第二，国家专项建设资金和转移支付是小镇建设主体最为期待的国家层面资金。国家专项建设基金主要是来自发展改革委，其次是其他部委关于某类产业或事业的专项基金，但并没有向特色小（城）镇倾斜。国家和各省相关部门的专项转移支付，主要用于特色小镇的奖补资金或公共基础设施服务建设。但遗憾的是，上述两项资金流入特色小（城）镇建设的数量还比较少，也没有形成专门的资金申报渠道。

第三，政策性银行贷款是社会上流传最广的资金来源期望。政策性银行贷款主要来自国家开发银行、中国农业发展银行，主要计划依据相关标准以贴息贷款的形式向相关特色小镇建设主体发放。值得注意的是，一些特色小镇或小城镇建设确实得到了相关金融机构的支持，但并不是因为小镇这个概念或牌子，而是因为某特色小镇的产业或项目正好符合相关银行的投资要求。

表 6.2　　　　　　特色小（城）镇建设金融路径

资金来源	形态	备注
民间自筹	自有	现金、存款
	抵押贷款	投资企业自有资产抵押
	产业基金	联合金融机构与政府平台
国家资金	专项建设资金	某类产业或事业建设
	转移支付	中央或省政府预算
	政策性银行贷款	贴息贷款
补贴政策	税收优惠	减免或返还
	资金补贴	奖补资金
	用地倾斜	土地出让金返还

资料来源：根据相关研究整理。

（三）生产、生活、生态融合发展的空间协同性和时间同步性较差

从开发路径来看，主要可分为生产侧、生活侧、生态侧三种。从生产侧切入，主要是指从产业侧导入，以培育特色优势主导产业为支撑，在产业发展基础上或同时强化生活配套服务，主要适合第二产业类特色小镇；从生活侧切入，主要是从城市居住生活功能侧导入，以提升宜居水平为导向，在此基础上或同时强化产业支撑，主要适合第三产业类小镇或高端第二产业类小镇；从生态侧切入，主要是基于“绿水青山就是金山银山”的理念，以生态发展促进生产和生活发展，主要适合本着旅游、养生、养老类方向开发的特色小镇。

事实上，无论从哪一侧切入特色小（城）镇建设，殊途同归，均将以力图实现宜居宜业宜游、产城人文并重、生产生活生态融合、惠及大众为目标。然而，生态侧切入的容易没有产业支撑，生活侧切入的容易变成房地产开发，产业侧切入的方容易形成真正的产业小镇，并具有较强的可持续性。从全国特色小（城）镇建设的发展情况来

看，单方面率先推进的数量较多，全面推进的数量较少，整体生产、生活、生态融合发展的空间协同性和时间同步性较差。

表 6.3　特色小（城）镇的开发路径

初始目标	切入点	优先导入	同时导入	终极目标
宜业	生产侧	主导产业	生活功能	产城人文 三生融合
宜居	生活侧	生活服务	产业功能	
宜游	生态侧	生态发展	生产生活	

资料来源：根据相关研究整理。

三、促进我国特色小（城）镇沿着正确路径发展的政策建议

为促进我国特色小（城）镇的健康发展，我们应以打造供给侧小镇经济为主线，以产业建镇为核心促进文化、旅游、社区协同发展，从时空维度和发展目标来科学确定小镇发展方向和建设主体，以小镇产业自身能力为基础大力发展小镇产业基金，以产业驱动为起点有序补充小镇功能性短板，果断放弃不具备建设条件的小镇建设计划。

（一）立足实际，瞄准目标，科学确定小镇发展方向和建设主体

首先，立足实际，从时空维度出发定位小镇之“魂”。深度挖掘小镇自身资源特色，探索其时空维度核心，大力整合产业资源，在具有“厚实”产业市场基础上推进特色小（城）镇建设。可以基于代表过去的历史文化属性，建设以展现古城、古墓、古文化为特色的文化类历史小镇，以纪念历史名人、重要事件为抓手的传记类历史小镇，

以传承产业为核心的产业类历史小镇，以呈现悠久自然及人文景观的风情类历史小镇。可以基于新时代创意产业属性，构建以文化创意产业新生态为体系的文创经济产业小镇，以一、二、三产业联动为新动能的促进城乡融合的现代多元产业小镇。还可以基于未来战略性新兴产业属性，构建以重大技术突破为支撑的国家战略新兴产业小镇，以国家各种新兴政策为试点的战略化产业发展小镇。

其次，瞄准目标，在“目标导向”下从“问题导向”入手，确立小镇之“志”。正所谓“金无足赤、人无完人”，特色小（城）镇亦是如此，虽然可以有效地将“产、城、人、文”等根本要素有机融合，却也不能做到面面俱到，这就要求我们从解决问题出发，树立切实可行的发展目标。根据不同小镇区域内具体的需求大致可以分为三个层次，最低层级的目标就是改善民生及经济；中等层级的目标是产业升级、消费升级；较高级层级的目标是区域带动经济、生态、环境共同发展。当前中低层级目标的特色小（城）镇较多，具备高级目标的特色小（城）镇较少。

最后，科学定位，从小镇发展主体塑造小镇之“型”，以投资运营能力为准绳选择建设主体。全国特色小（城）镇设计众多，但对照国家特色小（城）镇建设的要求，能真正满足条件的却是凤毛麟角。其中有两个问题表现较为突出，一是不能科学地从时空维度出发确立小镇建设的类型，二是建设主体选择失误。前者是因为定位不准，宏观战略存在一定程度的缺失，后者是因为被大量的所谓特殊项目公司所误导。事实上，可以从结合“大城市疏解功能、产业资源特色和城乡服务载体”三个方面构建“卫星镇、特色镇和综合镇”。也可以根据小镇局域环境构建“市中镇、市郊镇、镇中镇、园中镇”等类型。

同时，国家也明确要求要选择具有投资、建设和运营能力的大中型企业作为建设主体，而不是随便委托一个简单的项目公司来“打包”投资、建设、运营。

（二）重视主导产业自生能力，大力发展小镇产业基金

首先，避免仅靠政策优惠来培育特色小（城）镇。我们的研究表明，市场“厚实”程度仍然是特色小镇能否成功的决定性因素，相关政策对特色小镇成功与否的影响相对有限。因此，要果断摒弃仅凭优惠政策来吸引特色小镇投资的建设思路，因为这样的特色小镇很难具有可持续发展的潜力。

其次，创新金融为特色小（城）镇带来新的活力。目前市场上众多的特色小（城）镇，更多的还是延续传统地产投融资模式，并没有有效地把特色产业的植入、培育同特色小（城）镇的发展与创新型金融有效融合，这也是为什么特色小（城）镇极易出现房地产化倾向的重要原因。事实上，未来特色小镇建设的金融收益项目中必须具有产业收益和服务收益才能获得持续的投资动力。

最后，大力发展小镇产业基金为特色小（城）镇提供坚实助力。产业基金的本质不是资金的拆借或所谓的“名股实债”，而是起到优化产业组织、整合产业资源、扶持产业运营，进而从根本上促进产业发展的作用。特色小（城）镇的建设初衷是经济转型的重要抓手，实现地方产业复兴和发展是大力发展小镇产业基金的重要目的之一。因此，小镇产业基金公司的核心能力是小镇产业资源整合和运营能力，围绕产业核心，通过基金赋能，打通产业上下游，从而为服务整个特色小（城）镇打下坚实的产业基础。

（三）以产业带动文化、旅游、社区协同发展，有序补齐小镇功能性短板

首先，特色小（城）镇应成为产、城、人、文融合发展的功能性平台，是具有产业、社区和文旅元素的综合性创业创新生态系统，其重要愿景是构建一个新型产业社区综合体。因此，必须以具有特色和优势的核心产业作为发动机，并兼顾文化传承、旅游接受、生态保护等功能。

其次，“四位一体”平衡发展避免产业优于社区的观念。地方政府更关注与产业相关的经济指标，同时为了避免特色小（城）镇向纯地产开发属性偏移，现阶段的特色小（城）镇开发中社区往往只停留在口头上。优质的产业和优质的社区相辅相成，是人才链、技术链、文化链的重要组成部分，甚至社区相比产业对于小镇来说更至关重要。如果没有优质社区作为特色小镇的配套支撑，小镇建设有可能重新回到传统产业开发区建设的老路上。

最后，应该抓住问题核心，有序补齐小镇功能性短板。特色小（城）镇经营至少要具备四个能力，即基础设施服务提供能力、产业运营能力、人才汇聚能力、生态宜居环境建设能力。不同小镇可以根据自身能力短板，有效介入痛点、有力解决问题、有序补齐短板。基础设施与公共服务短板可以由政府和企业联合发力来解决，产业运营方面可以通过引入专业化的运营团队来解决，人才汇聚能力可以通过提高产业及软硬件配套吸附能力来解决，生态宜居短板可以通过强化绿色产业、绿色建筑、绿色生活和智慧小镇建设来解决。

（四）审时度势，宁缺毋滥，果断放弃一些不具备发展基础和条件的小镇计划

首先，需要审时度势进一步明确特色小（城）镇培育理念，避免小镇建设概念化和庸俗化。坚决放弃已被时代淘汰失去生产及生活意义的文化、产品、技术，却被冠以传承匠心之名所打造的小镇计划；坚决放弃以极具历史非议色彩的人物、事件等包装打造的不符合社会主义核心价值观的小镇计划；坚决放弃被国家明令禁止的产业利用互联网或新兴政策概念混淆视听、暗度陈仓的小镇计划。

其次，秉承宁缺毋滥的态度，不能违背特色小（城）镇建设的初衷，避免小镇概念同质化和低端化。坚决禁止一些地方不顾实际需求、跟风建设，一哄而上、千镇一面，务必避免任意产业或文化加上现代餐饮、住宿、商业街等配套服务就是特色小（城）镇的错误认识。小镇产业不仅要注重特色，更要注重高端，即传统产业的高端方向或高端产业才有能力撑起小镇的未来。

最后，客观认识城市和区域现有资源的缺陷与不足，果断放弃不具备发展基础和条件的小镇计划。建议马上停止没有产业基础的小镇计划，停止仅靠土地溢价维持运行的小镇计划，停止存在生态破坏可能性的小镇计划，停止定位错误或发展目标过于功利的小镇计划。事实上，通过行政评测或自查放弃或停止一批不具备建设条件的特色小镇和特色小城镇项目，应成为当前和今后一段时间内一些地方政府和企业稳步推进低碳智慧特色小（城）镇的重点任务。

（原载国务院发展研究中心《调查研究报告》[2018年第147号（总5422号）]）

高端产业小镇案例

绍兴市新昌县智能装备小镇

新昌智能装备小镇是浙江省第二批特色小镇创建对象，镇域面积3.46平方公里。小镇依托高新园区产业集聚和企业发展优势，空间布局为“一核四区”，以智能装备制造为核心，发展航空智能装备、制冷智能装备、交通运输智能装备、纺织印染智能装备，同步发展智能装备创业服务、智能装备商务商贸、智能装备文化旅游和生活服务等。新昌虽为山区小县，工业经济却成功逆袭，跻身浙江省“工业强县”之列，颠覆了人们对“小县”的传统理解。至今，以创新驱动为核心内容的“新昌经验”一次次走向全国，这些经验优势为小镇的建设打下了坚实的基础。

自创建以来，当地政府高度重视小镇的发展，发改委、科技局、国土局、经信委、环保局等职能部门全力支持，高新园区和入驻企业作为实施主体，始终坚持小镇特色化、项目化、精细化发展，集中力量开展工作，并取得了一定成效。

小镇在2015年被列入省政府公布的第二批省级特色小镇培育名单时，新昌高新技术产业园区已风雨兼程，走过了整整20年，获评省级高新区也已15年。与此同时，小镇也在转型升级中大步前进。在获批省重点特色小镇后，小镇拥有的不仅仅是税收、土地、资金等方面在政策上的优惠和支持，更多的是带来了知名度，吸引了众多企业入驻以及大量资金投入。小镇围绕特色产业招商，加强规划引领和宣传推介，注重项目筛选和“招大引强”。2017年的统计数据显示，小镇已入驻企业42家，其中上市公司3家，规模以上工业企业33家，年缴纳税收额高达6.09亿元。同时，小镇扎实推进项目建设，迄今为止累计完成投资额37.21亿元，其中特色产业投资占比78.2%。

小镇所在的新昌县拥有诸多的创建优势，包括产业集群优势、企业实力优势、创新支撑优势等。在产业集群优势上，小镇所依托的新昌省级高新技术产业园区，产业基础十分雄厚。该产业园是国家新型工业化产业示范基地、国家科技兴贸创新基地、全省智能纺织印染装备转型试点单位，目前正在加快创建国家高端装备制造业标准化试点单位，产业集群已初步形成。在企业实力优势上，园区内拥有多家产业领域的龙头企业，在高端装备方面，有三花股份、万丰奥特、日发精机等3家上市龙头企业，入驻企业拥有发明专利71个。在创新支撑优势上，新昌科技创新实力突出，是全国第一批科技工作先进县、第一批科技进步先进县、国家科技兴贸创新基地、浙江省首批创新型试点城市。

小镇将进一步以高端化、智能化、绿色化为主攻方向，推动信息技术与装备制造的融合发展，最终打造成省内产业特色鲜明、创新能力强劲、产业配套完备、生态环境优美的智能装备制造小镇。小镇也将利用自身的信息经济、块状经济、山水资源、历史人文等独特优势，以“新昌经验”为核心理念，推进供给侧结构性改革和新型城市化路径，致力于将小镇打造成独具特色、全国一流的智能装备制造高地。

参考文献

[1] 陆昇. 论特色小镇的空间转向和文化转向. 北京城市学院学报，2018-2-28

[2] 王礼鹏. 探寻培育特色小镇建设的内外合力——对地方实践的经验总结与理论思考. 国家治理，2017（4）

[3] 席广亮，甄峰. 互联网时代特色小镇要素流动与产业功能优化. 规划师，2018（1）

[4] 朱伯伦. 大城小镇协同发展影响因素与路径——基于浙江特色小镇建设的实证研究. 学术论坛，2018（2）

[5] 顾成文，陈成. 浅谈“硅谷”特色小镇的金融支持体系——以富阳特色小镇为例. 产业与科技论坛，2018（4）

[6] 唐慧. 国内特色小镇研究综述. 湖北经济学院学报（人文社会科学版），2018-3-15

[7] 谯薇，邬维唯. 我国特色小镇的发展模式与效率提升路径. 社会科学动态，2018（2）

[8] 王吉勇，朱骏，张晖. 特色小镇的全流程规划与实施探索——以杭州梦想小镇为例. 规划师，2018（1）

第七章

中国特色小城镇发展空间格局特征与政策建议

特色小城镇对我国产业转型升级和新型城镇化发展具有十分重要的意义。特色小城镇的空间布局不仅能反映当前发展趋势，还决定着空间经济性和未来发展的可持续性。从国家住房城乡建设部公布的两批特色小城镇的名单看，我国特色小城镇发展呈现出与经济社会发展程度相似的地带性：一是在总体格局上呈现东部引领，中西部紧跟的态势；二是城市群内是特色小城镇发展的集聚区；三是东部沿海地带新兴产业类型特色小城镇较多，其他地区则是以旅游为主。最后，在分析影响特色小城镇空间分布格局的基础上，对优化特色小城镇空间布局，促进城镇体系协调发展给出了几点建议。

目前，特色小城镇发展热情高涨，建设不断提速，在2020年全国将建成1000个特色小城镇的总体目标背景下，2016~2017年，国家住房城乡建设部、发展改革委以及财政部先后认定了第一批127个和第二批276个特色小城镇，并将以每年接近200个的速度增加。当前以及今后，特色小城镇的空间布局都将对我国整体城镇格局产生一定影响，如何理解当前特色小城镇的分布空间格局以及发展趋势，有助于在全国范围内引导特色小城镇发展。

一、我国特色小城镇发展空间格局特征

（一）从整体分布和发展趋势看，呈现以东部地区为引领，西部、中部紧跟，东北发展较慢的趋势

从第一批特色小城镇的分布看，东部地区多，其次为西部、中部、东北地区，数量比约为40%：30%：22%：8%，以秦岭淮河为南北界，分布数量比约为59%：41%（南方比北方）。通过特色小城镇的分布和密度分析，发现特色小城镇集聚程度最高的区域为上海、苏州、杭州形成的三角区域。从数量看，浙江省位居第一，共计入选8个，江苏省、山东省及四川省分别入选7个，其余省份入选数量为3~4个。第二批特色小城镇分布比例基本与第一批保持一致，东部地区仍

为最多，西部、中部、东北其次，数量比约为38%：29%：25%：8%，南北分布数量比为58%：42%。第二批特色小城镇在数量增加的基础上，进一步强化了苏南至浙北区域的特色小城镇优势，还出现了围绕北京、成都、广州等城市周边的特色小城镇集聚区域。从数量看，江苏、浙江、山东、四川依然强势，其他省市均有所提升。结合两批特色小城镇分布情况来看，特色小城镇分布格局呈以东部地区为引领，西部、中部紧跟，东北发展较慢的发展趋势；在空间变化中，南北相对平衡，长三角地区出现一个集聚程度相当高的区域，并且增长势头仍强；广州、北京、成都等城市所在区域特色小城镇集聚程度随时间发展不断提高。

（二）从分布特征看，在长三角、珠三角、京津冀和成渝城市群的集中程度较高

特色小城镇发展格局与城镇化格局（主要指我国城镇化水平、城镇人口分布等情况）基本保持一致，但也存在差异。比如，西部地区的特色小城镇发展趋势好于中部地区，体现在数量分布和增长速度上。城市群内特色小城镇的集聚程度较高，最明显的是长三角、珠三角、京津冀和成渝四个城市群。另外，通过将特色小城镇分布情况与我国小城镇分布情况对比，还发现若干较为滞后的地带：一是江西中南部、广西中部和东部、湖南西部、安徽北部、四川西南部，这几个区域都是小城镇分布密度相对较高、具有人口基础和一定发展区位条件的地区，但目前还没有出现国家级特色小城镇；二是边境、边疆地带中，除云南中缅边境和新疆中哈边境的特色小城镇发展带外，其他都较弱。

（三）从发展类型看，东部沿海地带新兴产业类较多，而中西部地区旅游类较多

从特色小城镇与城市的区位关系来看，发展空间主要为城市街区、城市郊区、产业集聚区和农业地区。其中，在产业上聚焦金融、创业等服务业和轻工业的特色小城镇大多选择城市建成区内或近郊区域，这一类以新兴产业为特色产业的特色小城镇虽然占比较少，但却是国家以及各部委宣传特色小城镇的“门面”和“品牌担当”，地位相当重要。比如杭州的梦想小镇、北京基金小镇等。另外，则是以旅游产业或旅游+农业产业为特色产业的特色小城镇，以旅游产业为主导产业的特色小城镇主要依托城市人口和旅游发展资源，在区位上一般居于城市近郊或旅游景区；以“旅游+农业”融合发展为特色产业的特色小城镇则还需要兼顾农业生产需要。旅游和“旅游+农业”两类特色小城镇的数量最多，分布广袤。

从第一批特色小城镇产业选择看，旅游产业占比超过半数，远超其他类型特色小城镇的数量。其中，在东部51个特色小城镇中，旅游小镇占17个，比例为33%；在中西部76个特色小城镇中，旅游小镇占59个（包括旅游为主导产业和旅游+文化等），比例为78%。从区位和发展类型选择来看，东部地区工业、新兴产业类型小镇较多和中西部旅游类较多的态势初现。在第二批特色小城镇中，东部104个特色小城镇中，旅游小镇占44个，比例为42%；中西部172个特色小城镇中，旅游小镇为94个，比例为54%。虽然中西部的旅游小镇比例有所降低，但相对来看，新兴产业类还是在东部更多，而中西部则是农业类型增长较快。

二、影响特色小城镇空间格局特征的主要因素

（一）地理环境和经济社会基础对特色小城镇分布具有决定性影响

地理环境决定论在整个特色小城镇空间布局的发展过程中始终存在。以第一批特色小城镇为例，总数127个中有87个镇是国家级重点镇，35个镇是全国特色景观名镇，24个镇是中国历史文化名镇，33个镇是全国环境优美乡镇，说明经济社会条件较好的重点镇，具有较大的可能性进入名单。而我国东部地区在城镇化发展水平和质量上都处于最高水平，因此，东部地区发展特色小城镇的基础良好。同时，虽然我国在小城镇发展的过程中实施过区域平衡式的发展战略，但人口与经济空间格局差异仍然较大，从总体上看，依然没有突破胡焕庸线。实际上，特色小城镇的分布格局在空间上也基本与胡焕庸线相符，说明地理环境和经济社会发展基础依然是影响特色小城镇产生和分布的最主要因素之一。

（二）政策基于空间公平的原则导向，是区域间能保持相对平衡的重要原因

从当前特色小城镇的空间布局看，虽然东部地区领先，中西部地区相对落后，但差值如果以省、自治区、直辖市为单位来衡量，总体上还是相对平衡的。也能反映出相关政策基于空间公平的原则导向。如以国家部委对特色小城镇的核心理念要求作为标准来看，中西部以及东北地区的入选特色小城镇中，还有不少存在差距。特别是在地方层面，出现过将一些新规划的产业园区、农业、旅游、教育、工业、

拆迁安置等项目冠以特色小城镇的名义来开发，甚至还包括房地产项目和远未达到规划条件的项目。造成这一现象的原因，有地方政府贪大、求多和对特色小城镇认识不足导致的，也有迫于上级指标压力导致的。在特色小城镇认定工作规定逐层上报的要求下，不少不符合标准的特色小城镇通过地方申报进入国家级名单。虽然大部分不合规的特色小城镇难以通过评选，但在政策基于空间公平的原则调整下，有些地区还是只能“劣中选优”。而另一方面，像东部这种拥有较多小城镇能达到符合特色小城镇选择标准的地区，则采用设置上限的方式，维持相对平衡。

（三）特色小城镇与大城市的关系，决定了特色小城镇在大城市群内部或周边具有较高的集中性

特色小城镇是城镇化发展到一定阶段的产物，是以一定条件作为前提的。第一，特色小城镇要求培育特色鲜明的产业形态。特色小城镇要求以战略新兴产业、传统产业改造升级等产业类型为重，而大城市、城市群在资本、技术、人才、服务、市场等产业发展要素方面的优势，决定了特色小城镇必然在接近城市的区域内发展较快。第二，特色小城镇发展对交通、基础设施和公共服务有较高要求。特色小城镇的建设标准远超一般小城镇，规模相当的特色小城镇投资额往往是一般小城镇的几倍甚至几十倍。特色小城镇在城市基础设施辐射网络中建设，则可依托城市自身作为区域多类型基础设施和功能布置节点的优势发展，极大节省以市场为主体的特色小城镇开发方的开发成本。第三，特色小城镇对外向型发展和对接外部消费市场有更高要求。特色小城镇因产业选择与以往小城镇的差别，导致经济外向型发

展程度更高。相对于一般小城镇来说，特色小城镇能提供更丰富、更高端的产品供给，这与现代城市居民的消费要求和能力更吻合。第四，特色小城镇发展对创新体制机制的要求。特色小城镇的创建涉及政府服务模式、社会治理参与模式等多方面的改革突破，而城市群和大中小城市自身也是改革的重点区域，因此，对特色小城镇体制机制创新的理解和宽容度较大。

（四）东部和中西部地区特色小城镇类型的差异反映区域产业网络环境的巨大差异

特色小城镇的主导产业选择与城镇发展类型息息相关，直接反映了东部和中西部地区产业网络环境的巨大差异。第一，特色小城镇在中西部地区发展以文化旅游小镇的形态为主，反映了中西部小城镇在转型发展中对自然资源和外部游客市场依赖性较强的特征。中西部地区第一批旅游类型特色小城镇（包括“旅游+文化”“旅游+农业”等类型）占比超过七成。因此，在国家级第二批特色小城镇认定工作中，国家住房城乡建设部提出了“以旅游文化产业为主导的特色小城镇推荐比例不超过1/3”的明确要求。这一条件的出现说明，虽然中西部地区有旅游资源丰富、城镇发展基础较为薄弱的特征，但从国家出台政策来看，也要调整旅游类型特色小城镇的发展。第二，农业类型小镇在中西部地区增长较快，反映了区域乡镇经济的实际特点。第三，东部出现的工业和新兴产业类型特色小城镇，反映了东部较高的要素和产业基础。东部的工业和新兴产业类型特色小城镇已经涉及互联网、云计算、金融等高端技术和服务。这些一般概念中的“城市产业”选择特色小城镇为发展载体的现象说明，东部地区在资源要素、人口流动、城乡统筹、信息网络、交通互联等多方面已进入较高发展水平。

三、优化我国特色小城镇空间布局的政策建议

（一）客观看待特色小城镇的空间格局分布，适当调整基于建制镇要求和公平性原则的选择标准

首先，特色小城镇在空间格局以及变化趋势中已经显示出了政策引导的积极意义。实际上，我国人口向规模较大的城市迁移的特征明显，而规模小的城市、城镇发展困难，已成为阻碍城镇体系协调发展的重要问题之一。而特色小城镇的提出以及相关政策的出台，有效刺激了各区域小城镇的发展，具有正面意义。同时，随着特色小城镇和相关政策的出台，指明了新型城镇化发展当前以及今后由数量增加转变为质量提升的工作方向。

其次，适当调整基于建制镇要求和区域公平性原则的选择标准。不少城市群内、大城市周边的特色小城镇属于“非建制镇”，应鼓励这些能在几平方公里土地上集聚特色产业，且能实现生产生活生态空间相融合的创新创业平台申报特色小城镇。在评选国家级特色小城镇时，要尊重区域差异和客观发展规律，对小城镇发展基础较好的地区，则要适当放开名单数量。同时，选择特色小城镇要从各地区实际出发，遵循客观规律，实事求是、量力而行、控制数量、提高质量，真实体现区域差异性，提倡形态多样性，不搞区域平衡、产业平衡、数量要求和政绩考核，防止盲目发展、一哄而上。

（二）特色小城镇建设必须尊重客观规律，大城市群内部和周边是小城镇发展的有利空间

首先，应尊重客观规律和发展趋势，鼓励大城市群内部或周边的特色小城镇发展。从目前的特色小城镇分布来看，向城镇群集聚的趋势明显。因此，在未来的特色小城镇培育工作中，理应将区位条件放在更高的位置，优先选择大城市群内部和周边发展。在发展距离城市较远区域的特色小城镇时，则必须对改善交通条件提出更高要求。

其次，城市群和城市要利用特色小城镇增强整体竞争力。把特色小城镇作为城市群发展战略中的重要一环，利用特色小城镇疏解特大城市等城市的人口、产业以及非核心功能，缓解空间过度集中导致的大城市“城市病”等问题。

最后，积极鼓励区位和基础良好，有潜力的小城镇创建“特色小城镇”。要进一步完善对特色小城镇选取标准的科学评价，将区位、交通等因素纳入特色小城镇选择标准，挖掘出有潜力开发的小城镇。

（三）产业是特色小城镇的原动力，不能因为没有特色产业就转向看似门槛较低的旅游业

首先，特色小城镇要重视特色产业的培育。要准确理解特色小城镇的内涵特质，立足各地区要素禀赋和比较优势，挖掘最有基础、最具潜力、最能成长的特色产业，打造出具有核心竞争力和可持续发展特征的独特产业生态。要避免区域内特色小城镇类型高度相似，同质化严重、区域竞争加剧的现象。特别是不少在同一区域中，依托同一类旅游或文化资源，主题类似、包含项目类似的特色小城镇时，要注意错位发展，培育特色。在发展特色小城镇中，要牢记特色资源不等同特色产业，进一步强化从特色资源的开发。

其次，预防地产化风险。在“坚持对存在以房地产为单一产业，镇规划未达到有关要求、脱离实际，盲目立项、盲目建设，政府大包大揽或过度举债，打着特色小城镇名义搞圈地开发，项目或设施建设规模过大导致资源浪费等问题的建制镇不得推荐原则”的同时，合理引导地产企业参与投资建设。客观看待房地产企业对特色小城镇的投资行为，鼓励房地产企业转型发展，改变发展理念、运营能力和发展的模式。在企业参与特色小城镇建设中，要求长期参与，加强政府对特色小城镇发展的持续监管，警惕打旅游、养老等名号，实际进行地产化开发的特色小城镇，避免出现特色小城镇在获得认定后房地产化的发展趋势。正确处理地产企业投资特色小城镇建设，不仅能防止特色小城镇房地产化风险，还将带动引领地产等行业转型。

（四）特色小城镇政策需要进一步完善，注重分类、分区引导

首先，注重分类引导。从空间上看，我国特色小城镇包括“特色小城镇”和“特色小镇”两种形态。从长期看，两者在城镇体系中的职能、功能等方面都会趋于相同。但在短期内，因为两者在提出背景、目标、措施等方面还存在不同，因此建议分类施策。

其次，注重区域差异，适当对中部、西部、东北加大政策支持力度。东部相对发达地区可以多考虑非建制镇形式的特色小城镇建设，尤其是大城市周边的适合疏解大都市功能的发展平台和一些经济体量和规模已接近中小城市的城镇。中部、西部地区以及东北地区可以适当多考虑具有资源优势、就地城镇化潜力的建制镇进行培育。从目前来看，特色小城镇主要依赖市场投资，东部地区发展基础较好，在吸

引特色小城镇投资资源上拥有更多优势。因此，从全国特色小城镇整体布局来看，建议适当加大中西部地区的吸引力，通过政策引导，吸引投资主体找到有特色资源、特色产业和具有发展潜力的镇，撬动中西部、东北以及边疆地区的特色小城镇发展。

（五）充分发挥特色小城镇的空间集约经济效应和产业升级作用，促进区域和城镇体系协调发展

首先，特色小城镇丰富了小城镇在城镇体系中的功能作用。小城镇是城镇体系的重要组成部分，对带动和服务乡村发展发挥着不可替代的作用。而最早出现在东部城市群区域的特色小城镇则在小城镇的职能基础上，发挥出了较强的空间集约经济效应和产业升级作用。不少特色小城镇已成为与城市经济联系紧密、吸引投资能力强、开放能力强、经济社会协调发展能力强、生态环境好的新型小城镇。特色小城镇作为新型城镇化格局中的活力点，将逐渐影响更多数量的小城镇发展，促进形成以城市群为引领，大中小城市与小城镇协调发展的格局，对完善我国“金字塔型”城镇体系具有重要的意义。

其次，特色小城镇是中国新型城镇化道路的重要探索，但不是唯一的模式。对于还不具备特色小城镇发展条件的大多数小城镇来说，要坚决避免盲目模仿抄袭。立足自身范围做好相应的基础建设、配套服务，实现与城镇体系的有机协调将是更加务实的选择。

（原载国务院发展研究中心《调查研究报告》[2018年第3号（总5287号）]）

参考文献

[1] 金浩. 中国新型城镇化水平空间格局演变与地区差异分析. 学术交流，2016（6）

[2] 吴康. 新中国60年来小城镇的发展历程与新态势.经济地理，2009（29）

[3] 卫龙宝. 浙江特色小镇建设的若干思考与建议. 浙江社会科学，2016（3）

[4] 陈炎兵. 特色小镇建设与城乡发展一体化. 中国经贸导刊，2016（19）

[5] 冯奎. 准确把握推进特色小镇发展的政策重点——浙江等地推进特色小镇发展的启示. 中国发展观察，2016（18）

第八章

文化创意类特色小镇建设的重点与政策建议

文化创意类特色小镇是当前我国特色小镇建设的重要组成部分，对传承优秀中华文化和促进产业转型升级具有十分重要的作用。文化创意产业和多种产业的融合性及我国文化资源的丰富性决定了文化创意特色小镇的产业主体多元性和发展形态多样性。当前，我国文化创意类特色小镇存在着内涵混乱、融合层次低和产业体系概念化、庸俗化、同质化等亟须解决的问题。为促进我国文化创意类特色小镇的健康发展，针对文化创意产业支撑体系构建难的核心问题，选择具有产品规模化的文化资源来谋划特色小镇，做好创意人才的生活侧服务供给，打造多元文化融合发展的产业生态体系，在分类引导的前提下注重核心产业运营体系的情景打造。

文化创意类特色小镇承担着文化传承创新与融合发展的功能，也发挥着促进产业转型升级的作用，是我国特色小镇建设的重要组成部分。当前，各类文化创意特色小镇异彩纷呈，并表现出了良好发展态势，但同时在核心产业支撑、发展层级、发展路径等方面也受到了一些专家学者的质疑。为此，我们跟随国家文化部、发展改革委、国家开发银行、光大银行等相关领导、专家针对文化创意类特色小镇进行了一定范围的调研，旨在找出问题，提出对策，为相关政府、企业提供必要的决策支持。

一、文化创意类小镇是我国特色小镇的重要组成部分

文化创意产业与多种产业的融合性和我国文化资源的丰富性决定了文化创意类特色小镇的产业主体多元性和发展形态多样性。文化创意类特色小镇的支撑产业既可以对接战略性新兴产业，也可以对接多种转型升级产业，还可以对接各类历史经典产业和文化旅游业。

（一）数字创意产业是国家战略性新兴产业，符合特色小镇新兴产业方向

数字创意产业是现代信息技术与文化创意产业融合而生的一种新

业态，如VR、游戏、网络影视、动漫和在线教育等，被纳入国家《战略性新兴产业重点产品和服务指导目录》，成为与新兴技术、生物、高端制造和绿色低碳产业并列的五大新兴支柱之一。而战略性新兴产业是国家特色小镇建设重点支持的产业方向。因此，打造数字文化创意类产业小镇符合国家特色小镇建设的基本要求。

值得注意的是，国家支持的数字创意产业主要是指为数字文化创意技术装备、数字文化创意软件、数字文化创意内容制作、新型媒体服务、数字文化创意内容应用服务等五大重点方向。上述数字创意产业是基于国内外重大信息技术突破和文化需求而产生的新业态，强调的是重大技术突破与文化创意产业的结合，单纯的文化创意产业并不符合国家战略性新兴产业的要求。

（二）文化创意产业具有较强的行业粘合性，适合打造多种类型的文化创意特色小镇

文化创意产业本身属于知识密集型产业，资源消耗少，综合效益好，具有较强的行业粘合性和渗透性，具有打造多种文化创意特色小镇的潜力。《国务院关于推进文化创意和设计服务与相关产业融合发展的若干意见》明确指出，要加强文化创意和设计服务与制造业、数字内容产业、城乡设计、旅游发展、特色农业、体育产业等多方面的融合发展，从而全面促进产业转型升级和满足人民群众日益增长的物质文化需要。

基于此，对照国家特色小镇建设的要求，我们就可以围绕文化创意产业打造一系列的特色小镇。比如，围绕新技术、新工艺、新装备、新材料、新家居打造出创意科技小镇、创意材料小镇、创意家居

小镇等；围绕数字内容产业打造动漫小镇、影视小镇、传媒小镇等；围绕历史文化名城、名村、名镇打造一系列历史文化体验小镇；围绕具有文化内涵的旅游目的地打造文化旅游小镇；围绕特色农业文化资源和特色农业打造创意农业小镇；围绕体育产业打造体育文化休闲小镇；围绕各类相对成功的文化创意产业园区或文化艺术资源打造各类文创小镇和艺术小镇。

（三）文化物质遗产和非物质文化遗产丰富，为打造历史文化类特色小镇提供了难得的优质资源

我国是四大文明古国之一，各类物质文化遗产和非物质文化遗产十分丰富，为文化创意类特色小镇提供了难得的优质文化素材和产业资源。比如可以基于物质文化遗产丰富且聚集的历史文化名城打造历史古都型、传统风貌型、风景名胜型、地域特色型等历史文化特色小镇。围绕民间传说、习俗、语言、音乐、舞蹈、礼仪、庆典、烹调以及传统医药等非物质文化遗产打造各类神话传说小镇、戏曲小镇、美食小镇、中医康养小镇及各类具有较强观赏性、艺术性或生活性的手工艺品小镇等。

值得注意的是，并不是每一种物质文化遗产或非物质文化遗产都可以打造出相应的特色小镇，只有那些地理位置较好、资源独特、市场前景较好的文化遗产才有机会打造出相应的特色小镇。也就是说，只有当文化遗产可以转换成受市场欢迎的文化产品或服务时，才能打造出相应的产业体系，才有机会走上文化创意特色小镇的发展道路。如江苏宜兴市紫砂壶特色小镇、四川泸州老窖酒文化小镇、安徽黄山市屯溪黎阳古镇、贵阳时光贵州小镇等均将历史文化资源与现代生产

生活紧密结合形成了良好的发展态势。

二、文化创意类特色小镇建设存在一些亟须解决的问题

文化创意产业和特色小镇建设的结合，为推进我国特色小镇建设提供了重要切入口，并呈现出了可喜的发展态势。但同时也存在内涵不清、融合层次低和产业体系概念化、庸俗化、同质化等亟须解决的问题。这些问题的核心是一些所谓的文化创意产业并不能作为特色小镇的支撑产业。

（一）对文化创意产业概念不清楚，造成文化创意类特色小镇内涵混乱

文化创意产业概念有多种角度进行理解，有的理解为版权产业；有的理解为创意和注意力经济；有的理解为文化资源的经济性挖掘。事实上，文化创意产业是知识经济的典型代表，也是知识经济的核心驱动力和具体体现。文化创意产业和其他产业的主要区别就是其生产要素的差别，文化创意产业的核心生产要素是有形和无形的文化创意、文化符号、文化故事等非物质性要素，这与需要钢铁、水泥、各种原材料等物质性生产要素的其他产业具有本质的不同。

但是，由于文化创意产业的具体消费品和服务有可能需要附着于某一物体上，从而具有一定的形态，这给文化创意产业的本质内涵带来了较大误解。比如，我国对文化创意产业涵盖的类别包括文化艺术、新闻出版、广播电视电影、软件网络及计算机服务、广告会展、

艺术品交易、设计服务、旅游休闲娱乐、其他辅助服务等九类。这九大类可以分为文化内容、文化制造、文化服务三类，但最核心的是文化内容的生产，这是文化创意产业最核心的部分，也是文化创意产业的本质要义。倘若偏离了这个核心，就容易形成“万金油”式的文化创意产业。

因此，当我们设计一个文化创意特色小镇的时候，如果没有文化内容生产的核心产业，只具有文化内容的渠道产业、附着物（文化用品、出版物等）和没有核心价值吸引力的文化器物或物品展示，那就较难形成以文化内容、文化创意成果为核心价值的产业集群。比如，有些所谓的文化出版小镇，其产业主体具有九年义务教育书籍出版权的垄断企业。有些所谓的文化创意服务小镇是原来即将倒闭或经营不善的软件产业园转化而来的。这不仅与文化创意产业集群的发展要求相背离，也与特色小镇要求的产业、文化、旅游、社区“四位一体”的功能要求相背离。

（二）文化创意与有些产业融合层次低，文化创意与高端新科技融合形成的特色小镇数量较少

文化创意产业和相关产业的融合大致可分为三个层次，较为低端的就是文化旅游业，中等层次的是文化创意产业与各种传统制造业、农业、体育等产业的融合，较高层级的是文化创意产业与现代信息技术融合形成的战略性新兴产业——数字创意产业。当前，低层次的文化创意小镇较多，中高端的文化创意类特色小镇较少，尤其是一些所谓的非物质文化遗产小镇存在巨大的运营风险。

其中，文化创意类特色小镇数量最多的就是各类文化旅游小镇，

是将文化创意融合概念最为滥用的典型代表。比如，简单的自然风光观赏区，就任意冠以某某生态文化旅游景区或特色小镇；明明是贫困山区几间年久失修的民房，就上升到某某古镇文化景区或特色小镇；明明是随着时代发展已经被淘汰的失去生活和生产意义的粗糙工艺技术与产品，就被冠以某某匠心传承创新体验区或特色小镇；还有一些已经很少有人传唱也不具有现代文化休闲娱乐功能的地方戏，被冠以某某戏曲体验区或特色小镇。

（三）有些历史文化特色小镇，由于缺乏相应文化产品流于概念化、庸俗化、同质化

历史文化特色小镇是历史文化资源与小镇功能相融合形成的产物。但由于对历史文化资源挖掘不够，对特色小镇建设的本质要求也存在误解，数量众多的历史文化小镇出现了概念化、庸俗化和同质化。有的历史文化特色小镇，并没有形成文化产品和服务，只有一些破旧的历史民居或街坊，并不具备所谓的历史文化传承功能，所谓的历史文化小镇仅仅是一个几乎无人相信的概念。

有的历史文化特色小镇所拥有的历史文化资源并不是优秀的中华文化，是一些没有产生过重大作用并被历史瞬间淘汰的生产、生活方式或负面历史典故，或者是通过展示老百姓的痛苦生活记忆来吸引不体恤百姓疾苦的游客一乐。这都背离了发展历史文化旅游和建设历史文化小镇的初衷，忘记了优秀传统文化的历史与尊严，取而代之的是基于痛苦记忆的娱乐与残忍。

而最令人印象深刻的是各类历史文化特色小镇的同质化和形式化。不少所谓的历史文化传统小镇事实上披着古建的外衣，做着现代

餐饮、住宿、酒吧的商业街区或综合体。一些历史文化小镇的文化产品是从遥远的工厂批发的机械批量生产的现代仿制工艺品，对当地的历史经典产业如陶瓷、酿酒、雕刻、刺绣、绘画等产生了致命的打击。一些历史文化小镇的文化产品虽然具有十分重要的历史文化研究价值，但是已经与现代生活、现代审美格格不入。一些非遗传承人工作、生活也很艰苦，收入微薄，无徒可带，但仍寄希望于所谓的特色小镇“风口”，这都是不足取的。

三、完善文化创意类特色小镇建设的对策建议

为促进我国文化创意类特色小镇的健康发展，我们应针对文化创意产业支撑体系构建难的核心问题，选择具有产品规模化的文化资源来谋划特色小镇，做好创意人才的生活侧服务供给，打造多元文化融合发展的产业生态体系，在分类引导前提下注重核心产业运营情景的打造。

（一）产业是特色小镇赖以发展的基础，要选择具有产品规模化的文化资源谋划特色小镇

首先，我们在设计文化创意特色小镇的时候，要至少坚持具有文化创意内容生产和具有形成产业集群潜力两个基本原则，否则就会偏离文化创意产业的核心，而形成某种低附加值的文化制造类产品园区，难以形成文化经济效益和聚集效益的文化服务业片区。

其次，选择产业前景广阔的文化遗产打造特色小镇，探索文化遗产产业化驱动的新型城镇化发展模式。以特色小镇为抓手，大力促进

产业前景好的文化遗产与现代生产、生活方式的有机融合，焕发文化遗产的活力。以文化遗产为特色，充分利用当地各类资源的优势，发挥文化遗产的品牌吸引力和人群吸引效应，打造传承优秀中华文化和新型城镇化互动的新型载体和发展经验。

最后，对于只具备“点缀”功能的文化符号和印记，不建议肆意发挥和任意挖掘所谓的文化内涵，而应该将这些优秀文化题材融入特色小镇建设中，而不是随意拿出一个符号就生搬硬套设计出一个所谓的文化特色小镇。比如，可以通过将原住民生活空间融入小镇历史文化旅游体验线路和小镇肌理风貌中，以增强小镇历史人文生态观感。也可以将历史经典特色元素和符号融入城镇标识和文化生态景观设计当中，以增强小镇的文化体验和品牌推广的独特性。

（二）人才是文化创意类特色小镇发展的根本要素，要首先做好创意人才的生活侧服务供给

首先，创意人才是文化创意产业的核心要素，要搭建创意人才培育平台。创意人才梯队建设应当成为文化创意类特色小镇的核心任务来做，因为这是特色小镇产业体系赖以构建的根基。要充分利用高校、科研院所合作办学的手段培养人才，也要充分利用传统的“师承制度”培养相关专业文化人才接班人。

其次，对创意人才的生产、生活方式要具有包容性，创造创意人才交流学习机会。创意人才的生产、生活方式有其独特性，在起居习惯、服饰搭配、语言方式等方面均具有一定的个性化特征，要理解包容不同创意人才的生活、学习、工作方式，不可强制化要求。同时，要积极搭建小镇创意人才的公益性交流平台，形成良好的人才交流氛围。

最后，要兼顾原住民生活方式和现代创意人才生活方式的多样化要求。不能仅为保留原住民的生活方式，而忽视了创意人才对现代生活方式的向往，也不能只顾创意人才的现代生活方式而破坏了原住民的生活文化特色。避免传统街巷变成只有建筑和商铺的“空心”遗址。应在保留原住民生活风貌、建筑风貌的同时，完善道路、消防、给排水等现代基础设施，改善本地传承人生产生活空间的同时，吸引外来创意人才定居。

（三）文化创意类产业具有范围经济广的特征，要打造多元文化融合发展的产业生态体系

首先，文化创意类产业本身具有较强的范围经济特征，应适当促进多样化文化资源集聚，为特色小镇建设注入优秀中华文化灵魂。可以在不破坏文化遗产本身的前提下，适当促进同类或互补性物质文化遗产和非物质文化遗产的区域性集聚。比如，美国底特律汽车博物馆旁边集聚了爱迪生等科学巨匠的实验室、火车和马车运输等传统运输方式、飞机诞生、蒸汽机实验等有关科学发现、发明的场景，并通过人物表演再现这些科学家的工作、生活故事，打造了体验性极强的文化活动和旅游场所，使汽车博物馆周边俨然成了一个科学文化旅游小镇。

其次，积极提升汇聚多元文化产业集群的要素支撑。一是充分利用各类文化创意产业的税收、土地优惠政策，发挥文化创意产业和特色小镇的政策叠加效应。二是充分发挥“文化创意+科技+金融”的协同效应，将特色小镇的产业支撑做实。文化创意自身的产业前景并不

乐观，必须结合最新的科学技术才能增加其衍生产品的现代性、体验性和娱乐性。而高科技的应用需要充足的资金支持，尤其是文化创意类特色小镇具有投资大、周期长的特点，更需要通过多种金融手段融来需要的资金。

最后，对文化创意类特色小镇的产业扶持应适当倾斜。很多物质文化遗产和非物质文化遗产具有一定的公益性，如果全部按照市场规律，只能被迅速淘汰，大大加快部分文化遗产的流逝速度。因此，应当对文化创意类特色小镇根据实际情况保持一定的“文化例外”原则，给予在土地、税收、租金、担保、交易等方面的特殊支持，当地政府应根据实际情况，制定适合当地文化创意特色小镇的产业要素支撑政策。

（四）文化创意类特色小镇建设要分类引导，并注重核心产业运营情景打造

首先，文化创意类特色小镇可以大致分为三类，文化科技融合类、文化旅游类、文化遗产类，分别代表着高新技术产业、文化旅游业和文化遗产保护与传承。对待以数字文化科技为代表的文化科技融合类，要大胆创新、大胆突破，按照高新技术产业的标准打造小镇产业支撑体系。对待文化旅游类，要精心打造小镇旅游吸引物和旅游支撑系统。对待文化遗产保护类，要有“保护第一、开发第二”的意识，不可盲目进行破坏性市场开发。

其次，挖潜历史文化遗产的特殊文化价值，放大特殊文化符号或文化吸引物的吸引效应，促进文化创意人才、客流、资金流的聚集。我国各类物质文化遗产和非物质文化遗产十分丰富，可以轻松组建多

种主题的文化主题园区，可以强调某种独特文化符号的“虹吸效应”和“锁定效应”，也可以打造“具体而微之”的城市文化印象综合体，从而打造集观赏性、体验性、娱乐性、生产性和生活性为一体的文化创意特色小镇。

最后，要注重文脉与小镇肌理风貌和生活风貌的协调融合。一是充分利用文化产业的自然环境和人文景观，充分彰显优秀中华文化与自然、社会的融合之美。二是将优秀中华文化与现代生产、生活情景进行融合，不可以将两者对立起来或割裂开来，要有充分的信心和耐心焕发优秀中华文化的当代和未来生命力。三是形成具有一定游学价值的文化旅游路线，将文化创意、生活方式和休闲体验充分融合。四是要高度警惕将优秀传统文化过度商业化，要保留优秀中华文化的本真价值。

（原载国务院发展研究中心《调查研究报告》[2018年第130号（总5205号）]）

创意产业小镇案例

黄山市徽州区西溪南创意小镇

西溪南创意小镇位于千年古村——徽州区西溪南镇西溪南村，距黄山高铁北站1.5公里，距G3京台高速岩寺出口仅3公里，歙黟一级公路穿境而过，交通区位优势明显。

小镇拥有明代建筑10余处、清代民居100多幢，其中老屋阁及绿绕亭为全国重点文物保护单位，水利文化遗产雷堨、陇堨、条堨三条人工河渠被誉为“江南都江堰”，是中国古典私家园林荟萃之地和中国收藏界圣地，历史文化积淀十分丰厚。2016年6月，省委书记李锦斌考察调研西溪南镇创意小镇时，提出要按照“创造新供给，引领新需求”的要求，着力打造“有生态，有文化，有魅力，有特色”的特色产业小镇。

小镇发挥西溪南交通区位和人文生态优势，依托产城共融、特色小镇先进理念，合理规划功能片区，集聚高端人才，延伸原有产业链，注入文化创意新兴产业，复兴西溪南文化，形成“产业+旅游”新型生态链，努力打造成“古镇旅游+创意产业”双轮驱动的复合小镇。

小镇规划总面积1.55平方公里，划分为核心区和拓展区，其中核心区面积0.598平方公里，建设面积0.1775平方公里。计划至2020年，实施重点项目30个以上，完成投资33亿元，截至2018年完成投资7亿元。未来3年计划投资26亿元。主要用于非盈利性基础及服务设施和重点产业项目建设。

小镇分为“5个核心区+2个拓展区”7个功能区：一是智慧创新产业园片区，包括创意小镇主入口、创客社区、智慧商街、设计创意园等；二是百家创意体验片区，包括土人学社、钓雪园、历史街区休闲带等；三是国际艺术家走廊片区，包括艺术社区、艺术家工作室等；四是工匠之家创意园片区，包括接待中心、创意集市和基于上村众创空间发展艺术交流中心、精品酒店等；五是丰乐河水利遗产廊道片区，包括蜂岛花田游赏区、枫杨林湿地体验区、水利科普休闲区、农林野趣漫游区；还包括古村落保护与发展、创意主题拓展体验两个拓展片区。

西溪南旅游公路环线贯通，老屋阁及绿绕亭周边环境整治项目一期完成，正在稳步推进富山到上村公路改建、古莘桥改造、丰乐河河道生态修复、蜂产品交易中心、丰南大道提升等项目。先后吸引北京大学景观设计学研究院和北京大学建筑与景观设计学院院长俞孔坚等北上广深高端人才62位，引进社会资金1.6亿元，建成望山投资、土人教育等创意产业项目15个。

目前，小镇正与多家企业和创新团队进行洽谈合作，其中包括中国汽车卫视创作中心、安徽世银金融控投集团、深圳毕路德设计公司、浙江蓝城建设管理有限公司等，此外小镇范围内的基金人乡村俱乐部、文创公社、小镇会客厅等项目2018年将陆续开工建设，年内将继续引进细分领域有重要影响力的创意人才30人。预计至2020年，小镇年主导产业主营收入达12亿元，实现税收8500万元，接待旅客200万人次，新集聚中高级人才600人，立志将西溪南创意小镇打造成为省内乃至全国独具特色、最具活力的创意小镇，成为创意生活的展示体验镇区、创意产业的集成交易平台、创意思想的荟萃辐射高地。

参考文献

[1] 邓小侠. 温州市特色小镇旅游开发与研究. 广西师范大学硕士论文，2017（6）

[2] 李利军. 文创产业特质与特色小镇特色的融合. 云南艺术学院硕士论文，2017（6）

[3] 郑浩宇. 后工业视角下浙江省特色小镇的特征分析与产生机制研究. 浙江大学硕士论文，2017（1）

[4] 张立波，张奎. 文创兴镇视野下非遗小镇发展路径探究. 北京联合大学学报（人文社会科学版），2017-1-20

[5] 王国华. 略论文化创意小镇的建设理念与方法. 北京联合大学学报（人文社会科学版），2016-10-20

[6] 荣国平，张连荣. 特色小镇建设理论探索与实践——以羊平小镇为例. 城市，2017（1）

[7] 杨梅，郝华勇. 农业型特色小镇建设举措. 开放导报，2017-6-8

[8] 雷兴国. 特色小镇建设背景下杭州市茶文化旅游推广策略研究. 浙江工业大学硕士论文，2016（12）

[9] 郝华勇. 特色小镇助推农业供给侧结构性改革:内涵、机理与路径研究. 天津行政学院学报，2017-7-15

[10]朱其现. 贺州贺街“宗祠文脉”特色小镇发展路径研究. 广西民族师范学院学报，2016-12-25

[11]姜玉峰. 文创产业在特色小镇建设中的创新模式研究——以艺创小镇为例. 新美术，2017（1）

[12]李洁，徐青青. 创业在高新:以特色小镇建设推进创新发展. 杭州科技，2016（4）

[13]王帅. 河南省许昌市禹州市神垕镇特色小镇建设纪实——千年古镇钧瓷之都. 小城镇建设，2016（11）

[14]徐鹏. 特色小镇文化资源产业化路径分析——以浙江省为例. 美与时代（城市版），2017（3）

[15]牛旭诚. 新型城镇化视野下的古村镇特色构建. 云南艺术学院硕士论文，2017（6）

第九章

推进新时代低碳智慧特色小镇建设的重点与政策建议

新时代中国特色小镇建设必须走低碳智慧的发展道路，才能适应新时代我国主要矛盾转化、高质量发展和动能转换的时代变革要求。与新型城镇化基本要求一样，低碳智慧特色小镇建设也要求产业集约、人口集聚发展。但是，低碳智慧特色小镇更强调以传统产业高端方向或高端产业方向建镇，并要求充分利用现代化信息技术、节能环保技术和新型发展模式推进低碳化、智能化发展。为加快推进低碳智慧特色小镇建设，我们必须在习近平新时代中国特色社会主义思想指引下，树立新时代城镇生态伦理观，从特色小镇的产业、交通、建筑、环境等方面系统推进，并创新碳汇交易和具有中国特色的低碳智慧城镇发展模式。

第九章　推进新时代低碳智慧特色小镇建设的重点与政策建议

特色小镇建设是推进新型城镇化的重要抓手，也是贯彻落实新时代创新发展战略、乡村振兴战略和区域协调战略的重要突破口。为适应新时代形势和要求，我们必须加快转变特色小镇建设方式，走出一条具有中国特色的低碳智慧发展道路。为此，我们必须在习近平新时代中国特色社会主义思想的指引下，树立新时代城镇生态伦理观，从生产、生活、生态三方面系统推进低碳智慧技术和发展方式转变，争取为决胜全面建成小康社会和实现新时代“两个一百年”奋斗目标做出必要贡献。

一、新时代特色小镇必须注重低碳智慧发展

新时代中国特色小镇建设必须走低碳智慧的发展道路，才能适应新时代我国主要矛盾转化、高质量发展和动能转换的时代变革要求。

（一）低碳智慧符合新时代特色小镇建设的基本理念

首先，新时代是满足美好生活需要的时代，特色小镇建设需要满足新时代低碳智慧美好生活的需求。低碳生活和智慧生活是新时代城镇生活的必然要求，也是消除城镇生产生活发展不平衡的重要方面。

其次，新时代是高质量发展时代，特色小镇建设必须走低碳智慧

的高质量发展道路。低碳发展、智慧发展是未来世界城镇化发展的基本趋势，也是我国未来城镇化高质量发展的基本要求。

最后，新时代也是生态文明时代，特色小镇建设必须按照“五位一体”“四个全面”的要求设计发展道路。新时代城镇化的发展更加注重生态效益和长期综合效益，必须贯彻绿色发展理念、坚持人与自然和谐共生。

所以，新时代建设特色小镇讲的是生态环境美丽、文化脉络清晰、产业集群低碳、生活智慧宜居，这就需要在习近平新时代中国特色社会主义思想指导下走低碳智慧之路。

（二）低碳智慧有利于促进特色小镇自身健康发展

首先，特色小镇是在几平方公里土地上集聚优势特色产业，并实现生产、生活、生态相融合的创新创业平台，既是新型美丽宜居生活社区，也是绿色高效企业集聚的企业社区。要满足上述发展要求，只有走低碳化、智能化的发展道路才有可能实现。

其次，特色小镇是结合自身资源和产业优势，通过科学谋划和创新发展，促进产业升级、人文传承和生态保护，并形成产业、文化、旅游、社区协调发展的新型综合体。这样的综合体本身就要求绿色发展和智慧化发展。

最后，特色小镇建设中遇到的问题需要通过低碳智慧的途径来解决。某种程度上，特色小镇是为解决我国新型城镇化进程中环境污染、交通拥堵、人口拥挤等问题而出现的，如果不采取低碳智慧的发展模式，势必会形成“穿新鞋走老路”的局面。

所以，新时代特色小镇本身需要在规划设计、投资建设、运营维护、社区管理等方面全面走上低碳智慧之路。

（三）低碳智慧特色小镇建设可以为绿色中国做出贡献

首先，低碳智慧特色小镇可以为中国碳排放减少做出贡献。从碳排放看，我国二氧化碳排放量约占全球1/3；从劳动生产率看，我国劳动生产率高于印度，但低于全球平均水平，并远远落后于发达国家水平。因此，特色小镇建设必须走低碳发展之路，争取为中国碳排放乃至世界碳排放减少做出必要贡献。

其次，低碳智慧特色小镇可以为高成本变革和效率变革做出贡献。从制造成本看，中国制造业土地、能源、物流、通讯、融资、环境成本高于一些发达国家，例如高于美国1~2倍。从研发强度看，我国研发强度高于俄罗斯，但低于日、韩、美等发达经济体。从行业利润率看，工业企业利润占营业总收入的比重远低于房地产企业和证券机构。低碳智慧特色小镇建设可以为新时代绿色高效产业提供实验田，并为中国高成本变革和效率变革的路径和政策设计做出有益探索。

最后，低碳智慧特色小镇可以为新时代市场经济建设做出贡献。完善新时代市场经济体系必须推动互联网、大数据、人工智能和实体经济深度融合，还必须在科技创新、绿色经济、共享经济、知本经济等领域培育新增长点，而不是走粗放型、规模型和速度型的传统老路。低碳智慧特色小镇建设不仅可以在新兴战略产业创新创业平台建设方面做出探索，也可以在低碳智慧技术和商业模式创新方面做出尝试，还可以成为新时代市场经济体系的重要区域性增长极和创新策源地。

二、新时代低碳智慧特色小镇建设的主要任务和要求

与新型城镇化基本要求一样，低碳智慧特色小镇建设也要求产业集约、人口集聚发展。但是，低碳智慧特色小镇更强调以传统产业的高端方向或高端产业方向建镇，并要求充分利用现代化信息技术、节能环保技术和新型发展模式推进低碳化、智慧化发展。

（一）新时代低碳智慧特色小镇建设要坚持正确的产业方向和发展导向

首先，低碳智慧特色小镇也必须是产业建镇。不能因为有了低碳智慧的概念，就抛弃了核心产业支撑的基本要求。某种程度上，低碳智慧是特色小镇的基本技术和模式支撑，而不是小镇建设的主体，低碳智慧技术、模式的创新和运用是产业建镇的外围要求，而不是支柱性要求。

其次，严格防止借用低碳智慧特色小镇的概念来圈钱圈地。一些以房地产为实际目标导向的低碳智慧宜居小镇或综合性服务小镇具有很大的误导性，一些以低碳智慧产业集群为概念依托的特色小镇设计也具有很大的误导性。因此，必须防止低碳智慧特色小镇建设的房地产化和概念化。

最后，低碳智慧特色小镇的支撑产业必须符合传统产业的高端方向或高端产业方向。也就是说，如果小镇的支撑产业是传统产业，必须是向传统产业的高端方向发展，而不能仅仅强调其文化底蕴深厚或历史悠久的特征。如果是战略性新兴产业，则要强调其发展的可行性

和可持续性。总之，小镇产业必须符合时代发展方向，要能支撑起小镇的就业、税收等经济社会功能，并有序推进当地传统产业升级或新兴产业崛起。

（二）高效产业和人才集聚化、产业集约化发展是新时代低碳智慧特色小镇的核心要求

首先，从空间上看，新时代特色小镇是新时代社群经济的缩影，必须承担新兴产业和新兴业态的发展功能。新时代低碳智慧特色小镇必须以提升新业态、新发展效率为目标，通过提供便捷高效的产业服务，持续催生出非独立出现在城市或者乡村的多元化、融合化、高效化新型业态。

其次，从人口上看，我国城镇化已从人口向城镇集中的第一代，城市病显现的第二代，进入城市人口开始功能性疏解的第三代。新时代低碳智慧特色小镇必须坚持精准化、精细化的规划设计和建设运营，创造令人愉悦的生产生活休闲空间，从而吸引各类高端人才集聚和游客访问。

最后，从产业上看，特色小镇强调低碳产业网络的无缝化对接和高效化运行。低碳高效的特色支柱产业是特色小镇的核心所在，而多元的产业网络无缝对接才是联动小镇的命脉。主导产业特色鲜明、多元共生产业充满活力才是新时代特色小镇建设的核心支撑和要求。

（三）智能化信息服务系统应成为特色小镇建设的标配性基础设施服务

首先，智能化信息服务是特色小镇内部建设和外部连接的必备服

务。特色小镇内产业和配套服务高效运行需要信息化支撑，与外部产业和人口高效沟通也需要信息化支撑，高效的智能化服务已经成为信息时代特色小镇建设必不可少的工具性、支撑性服务。

其次，智能化信息服务系统可以为特色小镇打造低碳高效的生产方式提供有效支持。特色小镇生产模式创新的关键是资源集聚力和产品服务转化力，智能化信息系统正是帮助查询、分析企业、资金、人才等要素聚集能力和发现、对接产品服务市场的有效手段。

最后，智能化信息服务系统可以为小镇基本生活提供高效便捷服务。特色小镇人口集聚需要具备基本的公共服务设施，信息化服务已经成为新时代美好生活需要的基本支撑条件，高效便捷的小镇社区信息服务不仅可以解决基本生活需要问题，还可以树立现代小镇形象，并增强小镇人口归属感和满意度，从而吸引更多优质人才集聚。

三、加快推进新时代低碳智慧特色小镇建设的政策建议

推进低碳智慧特色小镇建设是新时代城镇化和美好生活需要的必然要求。我们必须在习近平新时代中国特色社会主义思想的指引下，树立新时代城镇生态伦理观，从特色小镇的产业体系、交通设施、建筑空间、环境保护等方面系统推进，并创新碳汇交易和具有中国特色的低碳智慧城镇发展模式。

（一）习近平新时代中国特色社会主义思想指引我们树立新时代城镇生态伦理观

首先，深入贯彻习近平新时代中国特色社会主义思想，把握新时代要求，不断消除对绿色发展的误解，增强低碳智慧特色小镇建设的发展意识。要充分认识到绿水青山就是金山银山的深刻内涵，而不是强调绿水青山变金山银山。要充分认识到良好的生态环境是民生发展和生产发展的基础，而不是通过牺牲生态环境来换取一时的快速发展，更不能对生态保护制度进行模糊化处理，不能有觉得只要发展了，破坏点生态环境是情有可原的想法。

其次，提升生态伦理的自我认知观念，明确人与自然是生命共同体，必须尊重、顺应、保护自然。在发展建设过程中要科学、谨慎、有序地把握人对自然的改造活动，既不要单一、被动、消极地依赖自然环境，也不能将人与自然环境的关系割裂开来或对立起来，而是要以保护自然环境为前提，在对自然的改造活动中不断发展自己，不断协同人与自然共生共荣的关系。

再次，在新兴城镇化推进路径上，要彻底改变先污染后治理的发展路径。我国城镇化绿色转型发展起步较晚，绿色发展观念在城镇化建设中表现为实施零散化、保护边缘化、监管滞后化，这让城镇化进程中出现了严重的生态环境问题，大量城镇走的是先污染后治理的发展道路。

最后，必须充分认识树立新时代城镇生态伦理观的迫切性，增强绿色发展观念的推广力度。面对绿色发展和智慧发展的时代要求，国家相关部委相继出台了一系列推进低碳、智慧城镇化的指导文件和推进措施，如出台绿色标准、补贴节能建筑和节能设施装备等。但是，建设低碳智慧特色小镇依然任重而道远，未来必须在习近平新时代中国特色社会主义思想指导下，从生态伦理观念和发展举措上做出根本性地改变。

（二）低碳智慧特色小镇建设亟须从产业、交通、建筑、生活、环境等方面构建全息化系统解决方案

首先，低碳智慧特色小镇不是简单的“生态环境治理+智慧信息服务系统”。低碳智慧特色小镇建设需要把握产业集约、人口集聚的内涵，不可以流于表面化的环境治理与智慧信息服务系统搭建，而是要求互联网、物联网、云计算等先进信息技术在小镇生产、生活、生态建设中进行全面应用，要形成涵盖吃、住、行、游、购、娱、商、学、养、医等与科技和生态有机结合的系统性、智能性解决方案。

其次，低碳智慧小镇发展理念不仅适用于智慧产业小镇，也适合各种类型的特色小镇。无论何种类型的特色小镇，均是以产业、旅游、文化、居住为抓手，以“产城人文”有机结合为目标。低碳智慧发展理念可以为各种类型小镇中的产业生产提质增效，为文化呈现体验升级，为旅游休闲保驾护航，为居民的生活带来便利。

最后，低碳智慧小镇涉及产业、交通、建筑、生活、环境等方面。低碳智慧小镇是以大数据和云计算为大脑，以物联网为神经,以各种互联网应用程序和产品服务为触手，贯穿小镇生产、生活、生态的整个系统，最终颠覆性改善镇内产业及生活生态环境，实现产业个性便捷化，交通绿色安全化，建筑低碳节能化，生活科技舒适化，环境生态融合化，商贸数据订单化，医疗智能管理化。

（三）优化碳汇交易体制机制和碳资产管理，完善低碳金融配套及衍生品开发等服务

首先，充分认识发展碳汇经济对建设低碳智慧特色小镇的重要意义，贯彻绿水青山就是金山银山理念，优化发展碳汇交易体制机制。发展碳汇经济是坚持新发展理念、推动绿色发展的内在要求，是鼓励保护生态资源并获得创新性可持续发展优势的重要举措。现阶段需健全碳汇产业交易平台，深度开发碳交易产品，大力规范低碳智慧特色小镇内部碳汇交易项目。

其次，应为低碳智慧特色小镇产业上下游企业提供全方位立体化的碳资产战略管理。要切实加强政府对碳资产的管理，确定牵头部门，成立工作机构和专家组，建立工作机制；要充分吸引社会资本参与，建立政策性资金注入渠道，确保资金来源的广泛性和持续性；要培养一批跨学科、跨专业的碳资产管理的专业型和复合型人才；要建立政府碳绩效考核机制，加快制定配套政策，引导各级政府、企业积极参与碳汇经济发展。

最后，碳汇经济的发展只有资金支持还是不够的，还要金融市场积极协调，使金融机构发挥其应有作用。现阶段，应完善我国低碳经济创新型金融支持系统和银行“低碳间接融资”体系，应当建立和完善税收减免、财政贴息等相应的配套政策和激励机制，调动商业银行推进低碳信贷的主动性和能动性。同时，基于碳期权交易金融衍生品的多样化趋势，还应大力创新开发低碳衍生金融产品，促进小镇碳金融交易内容和形式的多元化和丰富化。

（四）构建独具中国特色的低碳智慧小镇模式，为世界小城镇发展提供经验借鉴

首先，建设低碳智慧特色小镇需要制定贯彻新时代绿色发展理念的配套制度。建立低碳智慧特色小镇，需要真实、有效、可靠的地建立绿色发展制度保障，也需要制定“低碳生产、低碳生活、低碳治理、低碳技术”四位一体的系统性行动方略。将低碳的生态概念与小镇的生产、生活有机融合，为特色小镇披上“绿色”外衣，穿上“智能”装备。

其次，将智慧理念贯穿特色小镇和项目建设始终。依托互联网、大数据等智慧服务构建“产城人文”全息化系统解决方案，有效为镇内生产、生活提供智慧服务支撑，指导小镇项目推进，振兴镇内产业升级，拉动相关产业链条式发展，增加镇内居民就业，促进相关居民和就业人员增收。

再次，兼收并蓄，构建独具中国特色的低碳智慧小镇模式。走具有中国特色的低碳智慧特色小镇发展道路，需要在道路自信的前提下，充分借鉴国外小城镇相关成功发展经验。低碳智慧特色小镇是根据我国产业实情和社会发展现状形成的独特产物，是符合我国新型城镇化需要的优势模式，也是世界特色小镇发展的重要组成部分。

最后，天下为公，有序推进低碳智慧特色小镇治理体系和治理能力建设。建设低碳智慧特色小镇应秉承天下为公的精神，切实贯彻习近平治国理政思想，构建新时代中国低碳智慧特色小镇治理体系。低碳智慧特色小镇的治理不仅涉及绿色产业发展治理，还涉及城乡空间治理、社会基层治理和社区文化治理等多方面内容，这均需要在习近平新时代中国特色社会主义思想的指引下进行持续创新，是挑战，也是向世界展示新时代中国低碳智慧特色小镇治理方案的重要机会。

（原载国务院发展研究中心《调查研究报告》[2018年第144号（总5419号）]）

低碳智慧小镇案例

天安未来科技产业特色小镇

一、基础条件

天安骏业集团是深圳市规模较大、实力较强、经验较为丰富的现代科技产业投资、建设、运营集团。在深圳市党委、人民政府的一贯亲切关怀下，公司下辖的产业园区得到了快速健康发展，天安数码城、天安云谷等已经成为业内典范。

为贯彻落实国家发展改革委、住房和城乡建设部、财政部等关于加快发展特色小镇的要求，围绕深圳市经济、社会发展目标，天安骏业集团正积极推进天安未来科技特色小镇项目。

本特色小镇位于深圳龙岗“特区扩容示范区”华为新城片区内，地块总占地面积为76万平方米，现状主要为岗头、中心围等旧工业区及风门坳自然村农民房，建筑面积约104万平方米。地块北临规划中的布澜路，西临五和大道，东临坂雪岗大道，南临雪岗北路。地块北面有小型水库，有一定的自然景观资源。

按照国家发展改革委和广东省发展改革委关于推进产业特色小镇的指导意见，本特色小镇是以未来科技产业为核心驱动，金融服务业、科技文创业、未来生活产业为辅助补充的高科技产业带动型特色小镇，不是单纯的创客空间或生产生活服务平台。

小镇突出“未来科技”和“创新创业”两大特色。结合天安云谷现有产业基础，构建动态化的高端科技产业生态链；根据产业发展所带来的人口集聚效应，依据生产性和生活性服务业的基本诉求建立健全小镇公共服务配套体系；根据产城人文协同发展的要求，融合科技产业、创新文化、研学旅游、创业社区，打造成宜业、宜居、宜游的

“天安未来科技特色小镇”。

本特色小镇建设基础良好，优势独特。小镇位于深圳市龙岗“特区扩容示范区”坂雪岗科技城片区内，是深圳市、龙岗区重点建设的片区。本项目已经为本片区带来了极大的改变，引入了众多国内著名企业，生产总值、税收大幅提升，同时改善了区域的城市配套设施，提升了居民的生活质量。

本特色小镇意义重大，有利于推进深圳市“两区三市”和“深圳东部中心”建设，并助推深圳未来科技产业计划的实施。小镇建成后，高端科技产业总产值可达2000亿元以上，将直接创造5000人以上就业岗位和创造6.7亿元以上税收，从而为深圳市建立世界科技创新中心和全面建成小康社会做出必要贡献。

二、业主情况

天安中国于1987年在中国香港联交所上市（代码H.K.0028），主营业务是在中国核心城市开发及运营科技产业综合体、商业、办公及高级住宅等物业，同时涉及物业投资、管理，目前在北京、上海、广州、深圳等20多个主要城市拥有100多个投资项目。

天安骏业是专为参与城市更新、进行产城综合体开发运营与产业投资服务而成立的，以服务企业成长、推动经济发展为己任，并致力于成为领先的产城综合体投资、运营、服务商。

天安骏业创立了独特的产业地产模式，强调科技创新与商业、文化、地区经济、城市发展的完美融合，实现产业园区整体在线，为入驻企业打造优美、舒适、高效的产业空间，提升企业形象，降低综合运营成本；为政府打造产业平台，集约土地资源，增加税收和就业，推动产业集聚和升级，提升区域综合价值；为人才提供便利、高端的办公和生活空间，解决人才的后顾之忧，畅享品质生活。

未来，天安骏业将遵循公司愿景，秉承“责任、专业、绩效”的企业精神，以“服务中小微企业成长、打造企业面向世界竞争的平台”为使命，不断提升企业核心竞争能力，为客户提供满意的产品和服务，为员工打造发展平台，为股东创造价值，实现企业健康、可持续的经营。

云谷项目先进的产业运营理念、成功的城市更新方法，在国内外引起了强烈关注，为龙岗区甚至深圳市树立了很好的城市名片，极大地提升了区域的产业竞争能力、经济实力。

三、总体思路

（一）创建思路

紧抓“一带一路”和“湾区经济”发展机遇，以世界眼光、国际标准、深圳特色、高点定位为基本要求，以“一核两轴五区”整合项目，加快未来科技人才、技术、资本等高端要素集聚，突出龙头企业带动，重点发展信息技术、科技文创、金融服务、未来生活产业，打造集产业链、投资链、创新链、人才链、服务链于一体的创业创新生态系统，全面打造集自主创新引领、高端商务集聚、产城人文融合、绿色低碳支撑的新型未来科技产业发展平台，形成高端生产、精致生活、绿色生态相融合的未来科技特色小镇。

（二）功能定位

● 深圳城市更新示范基地。未来科技小镇旨在促进旧城环境改造的基础上，催生一代又一代新兴高科技产业。

● 国家未来科技特色小镇典范。特色小镇的产业发展水平、创新发展能力、吸纳就业能力和辐射带动能力显著提高，成为新的经济增长点。

● 世界知名未来科技中心。紧扣深圳东部中心战略主题，培育和发展深圳科技创新产业的增长点，促进和提升国际竞争力，拓展创新创业发展空间。调整优化科技创新产业机构，强化大数据、云计算、移动互联和智慧服务等功能，打造世界级未来科技培育示范基地和创新中心。

四、主要目标

（一）产业目标

近期：以信息技术产业为核心驱动，金融服务产业、科技文创产业、未来生活产业为辅助补充，通过有效的小镇管理模式补足，形成闭合的轮式产业体系，做好未来科技小镇的最大效能的“起跑姿态”。

中期：在经历以信息技术产业为核心驱动的初期“起跑姿态”后，未来科技小镇会进入高速发展阶段，在中期则会进入4大板块产业齐飞发展时期，在这个时期小镇经济会形成适合新兴产业发展产业氛围，小镇也将成为四大产业相互促进、相互融合发展的新型高科技产业平台。

远期：在经历了未来科技小镇高速发展带来的红利之后，我们产业定位要从新螺旋上升，作为小镇自身来说我们收获的是成功的模式。在下一个十年，我们依靠小镇自身完善的管理模式和并行的其他产业，我们可以自如地模块化地更换未来小镇的产业核心，而这种不断创新与突破自我的模式也正是代表了深圳精神，也是真正的未来科技小镇的远期定位。

由于未来科技小镇的普适性的模块化替换特性，未来我们可以将此模式创造性应用于任何一个特色小镇之上，为全国的小镇建设工作起到引导作用，大大减少时间成本及探索成本的浪费，而这也将标志着未来科技小镇成为全国特色小镇的示范案例。

（二）空间布局

深圳未来科技小镇规划总面积 0.76平方公里。根据小镇的总体定位，充分利用现有资源优势，结合未来科技产业发展空间，规划小镇在空间格局上按“一核两轴五区”展开。

一核：小镇综合服务核，是特色小镇的灵魂;

两轴：科技创新轴和智慧服务轴，是串联小镇的两条主动脉;

五区：围绕未来科技小镇综合服务核形成外围分区，即科技文创融合区、信息科技创新区、未来科技生活区、极客创业发展区、产业金融服务区。

充分发挥平台对产业项目的支撑作用，促进产业集中、集聚、集约发展和“产城人文”融合发展。

（三）发展目标

总体目标：通过广东深圳未来科技特色小镇建设，集聚高端要素，构建未来科技社区、未来科技文化创意、未来科技科学研发、未来科技金融服务、未来科学技术交易等全产业链，建设高新技术科技研发中心，低碳绿色科学公园，一站式金融服务中心，高效科技创客空间，配套高端未来科技公寓和未来科技产业工人低碳宜居社区，形成具有现代未来科技产业特色和文化、旅游、居住为一体的新型特色小镇，有效带动深圳传统产业转型升级和相关产业集聚高效发展，树立未来科技产业发展与文化创意体验旅游新标杆，探索和实践产业开发和运营的新模式、新路径，形成区域新增长极和产业发展新高地，为全省乃至全国同类地区产业发展提供可借鉴的经验。

把握智慧城市方向 精准谋划顶层设计

张晓欢

当下全国各地通过各种渠道努力推进智慧城市建设的地方政府和企业已成“蜂拥”之势，但遗憾的是一些专家学者指出当前我国智慧城市试点尚无成功案例。笔者近来专门走访了十余个比较有代表性的智慧城市试点，发现所调研的试点在智慧城市的顶层设计中除了相互模仿部分存在雷同外，对智慧城市导向和总体架构的理解存在较大差异，甚至存在截然相反的理论和支撑体系设计。为此，笔者根据调研情况和国家部委相关指南对智慧城市的导向、智慧城市顶层设计的误区进行了梳理，并提出智慧城市顶层设计的“七步法”，以其对相关政府、企业、学界提供一点参考。

一、智慧城市的三大导向

（一）智慧城市的问题导向

不少人认为，智慧城市的发展是信息化技术驱动的结果，所以认为智慧城市建设的关键是相关技术的突破与应用，智慧城市的导向也应该是以新技术为导向。事实上，我们国家智慧城市建设的背景恰恰不是因为技术的发展，而是因为我们在城镇化的进程中遇到了一系列的问题，比如交通拥堵、污染严重、房价高企、就业困难、教育紧缺、就医困难等所谓的“城市病”。因此，智慧城市建设首先应是问题导向，即我国建设智慧城市的是为解决城市问题而生的，目的是为破解我国新型城镇化进程中的一些难题。所以，智慧交通、智慧教育、智慧医疗、智慧房管、智慧城管、智慧应急等一系列的智慧城市专项规划建设应运而生。

（二）智慧城市的民生导向

当我们谈到智慧城市，不少学者总结智慧城市的目的包括政绩彰显、经济增长、社会稳定、阳光政府等。在谈到智慧城市建设的突破点时，自然就围绕上述目的展开，并先做具有相对“显示度”的事情，比如建立云计算大楼、建立无线城市、建立数字产业基地等等。诚然，上述做法均是智慧城市建设中不可或缺的东西，但事实上，国内外智慧城市建设中能够迅速有所突破、有所发展的往往都是选择民生问题为突破口，比如智慧交通、智慧医疗、智慧社区、智慧教育、智慧应急等。因此，我们在做智慧城市时，如果难以确定发展的阶梯，不妨实事求是地先从民生问题入手，民生问题入手容易成功的关键原因就是民生问题往往是有巨大的市场需求，往往容易形成收益点，从而为智慧城市的进一步建设积累资金，并促使良好的循环累积因果效应的充分发挥。

（三）智慧城市的产业导向

当我们与地方政府商讨智慧城市建设的合作计划时，地方政府领导往往会比较关心资金来源问题，也就是说政府没资金或不愿意出资金来进行智慧城市建设，因为害怕智慧城市仅仅是一个新潮的概念而已，害怕智慧城市建设耗资巨大难以为继。事实上，这些担心的主要原因就是还不了解智慧城市过程中自然会衍生出一系列智慧产业，这些智慧产业具有“造血”功能，会对城市的自生发展和自组织建设提供资金池，更会产业发展的杠杆效应和乘数效应。因此，我们在做智慧城市顶层设计时，应明确智慧城市建设的产业导向，围绕智慧城市建设，我们打造的是一系列智慧产业、智慧项目和现金流，而不仅仅是为了某一概念而无谓的投资，或者只开花不结果。

二、智慧城市顶层设计的三大误区

（一）误以为智慧城市就是一个巨型信息系统

一些做数字城市的专家学者认为，智慧城市就是数字的升级，如果说数字城市的本质是虚拟化和信息化，那么智慧城市就是随着新信息技术的进步而催生的数字城市的高级化阶段。这样的认识，固然有其一定的道理，新加坡智慧城市的建设就经历了“电脑化”“数字化（信息化）”和“智慧化”三个阶段。但仅仅将智慧城市看作是数字城市的高级阶段，就会产生智慧城市就是基于大数据、云计算、物联网、互联网的巨型信息系统的错误结论。需要明确的是，智慧城市不仅仅是一个巨型信息系统，巨型公共信息平台（住建部智慧城市试点工程建设的必选项）仅仅是智慧城市的一个方面，它是信息共享、资源整合的一个信息平台。智慧城市建设中除了基于公共信息平台搭建外，还需要在智慧城市产业支撑、投融资规划、智慧城市专项规划、智慧城市运维等方面做足功课。

（二）误以为智慧城市就是一个项目系列组合

由于受地方政府（甲方）的各种要求的压迫，一些智慧城市规划建设的专家、企业家等不断更改自己心中理想的智慧城市框架，尤其是为了迎合地方政府产业体系打造、项目落地的“现实需要”，不少智慧城市试点建设中借助智慧城市概念，制定除了一系列的落地项目组合，这些项目组合的本质就是迎合地方政府所提出的经济增长、产业升级、就业提升、税收增加、政绩彰显等要求，而这些项目的本质可能与智慧城市并无太大关系，仅仅是将一些项目的前面冠以“智慧”二字而已。事实上，智慧城市建设不是一个项目，也不仅是一系列项目的组合，顶层设计中细化的项目仅是智慧城市建设中的一部分载体，除了做好智慧城市相关的产业项目外还要做好信息基础设施建设、做好智慧政务建设、做好全民参与引导和助推工作等。

（三）误以为智慧城市就是一个概念炒作空架

不少学者和地方政府谈到智慧城市时都草率地做出智慧城市建设就是一个新概念炒作的论断，认为智慧城市建设就是一系列概念炒作的空架子。甚至一些企业家为了迎合地方政府获取项目，成为一些地方政府的附庸，成为一些地方借助智慧城市概念获取一些国家政策支持、资金支持的“帮凶”，根本没有把智慧城市当作一项崭新的事业来做，更遑论从设计创新、技术创新、产业创意、应用创新、服务创新等方面的实操性来进行系统性精准谋划。事实上，智慧城市建设带来的不仅是概念的创新，它带来的生产和生活理念与方式的革命性改变，它带来的是基础设施更加智能、公共服务更加人性、社会管理更加精细、产业体系更加优化、生活方式更加精致、生态环境更加美丽、政府治理更加阳光、社会参与更加公平、伦理道德更加正义的全新空间政治经济形态和幸福生活状态。

三、智慧城市顶层设计的“七步法”

根据相关国家政策、规划、标准和行动指南，结合现有理论梳理和实地调研情况，我们总结出了智慧城市顶层设计“七步法”。

第一步，需求分析。该步骤主要从当地智慧城市建设的背景、目的、现状、问题和突破点等方面展开分析。其中在现状分析部分，需要调研的单位主要包括住建局、工信局、发改局、公安局、环保局、交通局、卫生局、社保局、旅游局、统计局、计生局、科技局等委办局，需要做的重点分析包括现实及未来工作需求分析、产业支撑分析、民生分析、人居环境、社会保障、生活方式、历史文化、金融创新、信息化（尤其信息化与产业融合）现状等。

第二步，产业支撑体系规划。该步骤主要从产业基础、产业趋势和产业问题分析入手，从智慧产业、智慧社会和智慧政府融合的角度来谋划地方智慧城市建设中智慧产业的发展体系、发展步骤和关键环节。

第三步，搭建公共空间信息平台。该步骤是数字城市基础上的推进，主要基于云计算、物联网、新GIS、移动互联网、大数据等技术构建新型公共空间信息平台，这个过程中各个委办局的信息化协同是关键，数据仓库、数据管理、数据共享和数据安全是重点问题。值得注意的是，物联网主要解决传感器问题，主要功能是数据采集;云计算（IaaS、PaaS、SaaS、DaaS）主要解决的海量数据计算和调用问题;移动互联网技术主要涉及电信网、移动终端，其功能主要是数据传输、数据接收、数据再处理和再应用;大数据技术主要解决数据挖掘，即解决数据知识化的问题，目的是助力智慧城市时代的管理精细化和生活精致化;新GIS主要包括云GIS、空间信息云、移动GIS、智慧GIS、嵌入GIS，主要解决的问题是海量数据的空间化、计量化、可视化和应用化。

第四步，投融资规划。该步骤主要解决的是智慧城市建设的资金问题，主要包括地方政府智慧城市投融资现状、投融资突破、投融资模式、投融资渠道、投融资实施等。其中，投融资模式部分包括工程项目、投资主体、运营主体、收益模式、政策对接等。

第五步，运营维护规划。该步骤主要应对的是智慧城市建设中的长期性、复杂性和系统性问题，主要涉及的内容包括运营模式、运营战略、运营组织、运营效益、运营风险和支撑体系。

第六步，保障措施制定。该步骤主要是智慧城市建设中的“后勤性”工作，主要涉及地方智慧城市政策保障、制度保障、组织保障、控制保障、人才保障、资金保障和运维保障。

第七步，标准体系打造。该步骤主要解决的评价标准问题，即智慧城市建设阶段和发展步骤定性和定量指标体系，主要涉及智慧城市之基础设施、智慧经济、智慧民生、智慧管理和智慧环境等，其中智慧经济是自生能力体现、智慧民生是智慧城市发展本质目的体现，智慧设施是发展基本硬件设施的体现，智慧管理是政府治理和社会管理精细化的体现，智慧环境是智慧城市现有发展氛围和未来氛围完善目标的体现。

参考文献

[1] 王鹏飞，付凌云. 地方文化与智慧城市要素融合的特色小镇研究——以某城市文化禅意小镇策划为例. 智能建筑与智慧城市，2018（2）

[2] 李志强. 特色小镇全域化生态治理:政治语境、系统建构与政策路径——基于苏浙案例的分析. 城市发展研究，2018（2）

[3] 龚晓芳，彭飞. 基于四态融合下的低碳活力小镇规划研究. 建筑节能，2018（3）

[4] 杨济豪. 打造智慧小镇的思考与创新——打造智慧产业资源管理平台. 智慧中国，2018（1）

[5] 顾利民. 以“五大发展理念”引领特色小镇的培育建设. 城市发展研究，2017（6）

[6] 宋冬芳. 产城融合视角下特色小镇规划策略探讨.低碳世界，2017（8）

[7] 陈海航. 智慧低碳特色小镇的培育策略探讨. 信息化建设，2017（10）

[8] 吴平. 打造特色小镇要坚持生态优先. 中国经济时报，2017-6-5

[9] 陈熙隆. 智慧特色小镇助推区域发展路径的探研——以川陕革命老区为例. 改革与开放，2017（12）

第十章

以“政企民”合力共建特色小镇

特色小镇建设是一项复杂的系统工程，它不是相对简单的产业园区建设或旅游经济建设，更不是所谓的新型住宅社区建设，需要政府、企业、居民的通力合作才能有所收获。三者合作的基本思路是“政府引导、市场主导、以企业为主体”进行运作。但是在具体实施的过程中，政府容易为追求政绩而大包大揽，企业容易为追求土地、税收和企业政策红利而进行概念化、房地产化操作，居民会由于没有相应的监督和参与权而成为被动结果的接受者。因此，要推进特色小镇的健康发展，必须以产业建镇为主线，厘清政府、企业、居民的权、责、利边界，建立顺畅的“政企民”合作机制，不断完善小镇的产业、人文、旅游、社区功能，为推进新型城镇化和全面建成小康社会做出应有的贡献。

我国特色小镇建设正进入关键发展期，任重而道远，需充分发挥“政企民”三者的合力作用，形成可持续发展的体制机制和运营模式。

“政企民”合力作用发挥的关键在于达成规则和利益共识，形成命运共同体。这不仅是小镇建设成功的保障，也是小镇建设的基本要求和目的，即风险共担、效益共享。

促进“政企民”合力共建特色小镇也需要“三严三实”，即严格控制“计划化”，政策支持办法要实；严格控制“项目化”，生产生活支撑要实；严格控制“寡头化”，利益共享机制要实。

一、当前“政企民”共建特色小镇面临三大问题

（一）特色小镇建设数量“计划化”

国家住房城乡建设部、发展改革委、财政部联合发布的第一批特色小镇培育通知中提到，要在3年内集中力量重点打造1000个特色小镇。据此，一些地方政府无视当地发展基础和条件，分市、分区、分县给出了数量要求，并逐级下派硬性完成指标，从几十个到上百个数量不等，甚至要形成“省、市、县分级创建的特色小镇格局”，这与国家集中力量重点培育基础条件较好、发展潜力较大的特色小镇的初衷相违背。

（二）特色小镇承建“PPP”项目化

一些投资企业，尤其是一些央企、国企以“PPP”模式推进特色小镇建设的名义，去设计和争取国家严格控制的“BT”项目，这些所谓的“PPP”项目除了会给地方政府带来额度大、风险高的债务外，还挤占了真正想做特色小镇投资的企业利益空间，大大降低了投资企业的积极性。

（三）“政企民”利益隔离，各自为战

一些地方政府认为既然是“政府引导、企业主导、市场运作”，那么政府基本可以做“甩手掌柜”，完全让企业自行投资、建设和运营，政府完全忘记了“制度供给、设施配套、要素保障、生态环境保护、安全生产监管等管理和服务”的职责。一些优质、独特资源被个别投资企业以特色小镇名义“占领”后，成为个别利益集团的“钱袋子”，相关社会民众根本没有机会参与其中，更无法长期分享应有的发展成果。

二、以改革创新构建“政企民”共建特色小镇长效机制

特色小镇建设是一项系统工程，从一开始就要求“政企民”合力推进，共享收益。但倘若小镇的盈利模式和运营能力存在缺失，“政企民”三方就很难形成利益共同体。未来，要从特色小镇供给侧政策创新入手，精选优质投资企业，建立特色小镇开发收益共享机制。

（一）政策支持办法要实

主管机构不能只管“发通知”和“戴帽子”，要严格控制将特色小镇建设数量“计划化”，中央和地方政府对特色小镇的政策支持办法要落到实处。

首先，建议国家住房城乡建设部推出更详细的关于特色小镇建设的指导意见，尤其是要对第二批申报通知中拒绝“非建制镇”创建特色小镇的缘由作出一定说明，因为这和第一批特色小镇申报通知精神存在偏差，给数量众多按照“非镇非区”规划设计的特色小镇建设者带来了较大困惑。

其次，与住建部类似，也推出特色小镇建设试点的其他国家委办局，例如国家发展改革委、林业局、体育总局等，不能只负责给特色小镇“戴帽子”，要推出更详细的财政、土地、税收、金融支持意见和办法，不能只停留在方向性指引和计划制定过程中。

最后，建议国家发展改革委要率先推出特色小镇供给侧改革创新实施方案，尤其是在金融支持方面提出分区域、分行业、分阶段的支持办法。比如借助“千企千镇”工程推出“东北、西北、边疆特色小镇产业基金”，甚至推出《“政企民”合力共建特色小镇实施意见》。

（二）生产生活支撑要实

投资企业不能假借“特色小镇”名义，只紧盯着政府财政补贴和财政担保工程项目。政府和企业要共同避免只重视基础设施工程建设，轻视生产、生活配套支撑。

首先，要警惕所谓的特色小镇“PPP”项目。大多是一些国企和央企在努力追求的具有政府财政担保的基础设施工程项目。事实上，民营企业也想参与这些“工程项目”，扮演“包工头”角色，但苦于没有机会。

其次，特色小镇产业支撑要有自生能力和可持续能力。判断特色小镇投资企业“真伪”的一个重要标准就是看其是否须依靠政府财政担保和各种奖补政策维系投资和运营。产业支撑是小镇赖以存在的基础，没有明确产业盈利模式，通过概念包装意在获得政府担保工程项目的小镇投资商，必须坚决杜绝。

最后，产业是小镇建设的支撑，但社区居住功能也不可或缺。应避免产业完全优于社区的理念，一个社区居住功能存在短板的小镇会演变为一个工业园区或无人区。特色小镇建设必须注重生产功能和生活功能同时提升，而优良的生态环境则是生产和生活功能得以实现的基础支撑。

（三）利益共享机制要实

特色小镇建设要兼顾“政企民”三者长效收益，要严格控制利益收割“寡头化”，政府和投资企业要一起为当地居民的生产、生活保障做好谋划。

首先，要避免政府“大包大揽”现象。这种传统开发区建设思维依然存在于一些地方，其结果可能是功败垂成，也可能是政府独享收益，但失败的可能性更大，独享收益的可能性自然也就渺茫了许多。

其次，要避免“特许经营权”剥夺地方居民优质生活的权利。为吸引投资商，一些地方推出了“高品质稀缺资源”或“垄断经营性领域”的“特许经营权”优惠政策。高品质资源被企业垄断后往往就难以惠及民众。而大多垄断经营性领域直接关系国计民生，如果没有建立良好的约束机制，很可能成为个别企业的高收益来源，将直接影响小镇及周边居民生活质量的提升。

最后，小镇建设不仅要强调政府和企业的“责任感”和“成就感”，更应增强小镇居民及周边居民的“获得感”。为此，除了要积极吸纳当地劳动力外，还须建立租金、股金和社保等方面的收益共享机制，努力打造具有“薪金+租金+股金+保金”的“四金”小镇居民，并设定一定的股金收益比例作为改善公共生活服务环境的重要保障。

（原载国务院发展研究中心《调查研究报告择要》[2017年第64号（总2775号）]）

专栏

正本清源：特色小（城）镇发展再沐春风

——解读《关于规范推进特色小镇和特色小城镇建设的若干意见》

国务院发展研究中心公共管理与人力资源研究所　张晓欢

导语：近日，由国家发展改革委、国土资源部、环境保护部、国家住房城乡建设部联合发布了《关于规范推进特色小镇和特色小城镇建设的若干意见》（以下简称《意见》），《意见》指出，近年来，各地区各有关部门认真贯彻落实党中央国务院决策部署，积极稳妥推进特色小镇和小城镇建设，取得了一些进展，积累了一些经验，涌现出一批产业特色鲜明、要素集聚、宜居宜业、富有活力的特色小镇。但在推进过程中，也出现了概念不清、定位不准、急于求成、盲目发展以及市场化不足等问题，有些地区甚至存在政府债务风险加剧和房地产化的苗头。《意见》为深入贯彻落实党中央国务院领导同志重要批示指示精神，规范推进各地区特色小镇和小城镇建设提出指导意见。

七个明确为特色小镇和特色小城镇建设正本清源

《意见》中昭示了“七个明确”，为特色小镇和特色小城镇建设正本清源，犹如一股清流涌动，也如阵阵清风吹拂。

明确特色小镇和特色小城镇建设的基本内涵。《意见》明确指出特色小镇是在几平方公里土地上集聚特色产业、生产生活生态空间相融合、不同于行政建制镇和产业园区的创新创业平台。特色小城镇是拥有几十平方公里以上土地和一定人口经济规模、特色产业鲜明的行政建制镇。并首次提出要发展“市郊镇”“市中镇”“园中镇”“镇中镇”等不同类型特色小镇，依托大城市周边的重点镇培育发展卫星城，依托有特色资源的重点镇培育发展专业特色小城镇。这是四个部委根据社会各界的建议对特色小镇和小城镇内涵做出的一次明确修正和明确定义，在某种程度上澄清了住房和城乡建设部原则上要求建制镇带来的疑惑，也彻底框定了特色小镇和特色小城镇建设的基本边界。

明确了特色小镇和特色小城镇建设的基本意义。《意见》明确指出把特色小镇和小城镇建设作为供给侧结构性改革的重要平台，促进新型城镇化建设和经济转型升级。但不能把特色小镇当成筐，什么都往里装，不能盲目把产业园区、旅游景区、体育基地、美丽乡村、田园综合体以及行政建制镇戴上特色小镇“帽子”。也就是说特色小镇和小城镇建设具有产业转型升级平台、新型城镇化供给侧改革创新和创新创业平台等重要意义，这事实上也暗含了“三生融合”和“美丽经济”的要求，与一般单体项目具有不同的新意义。这对一些轻易将特色小镇和小城镇建设与产业园区、旅游景区、体育基地、美丽乡村、田园综合体等建设意义混为一谈的现象进行了一定程度的警示。

明确了由国家发展改革委牵头，做好部门统筹工作。《意见》明确指出，要充分发挥推进新型城镇化工作部际联席会议机制的作用，由国家发展改革委牵头，会同国土资源、环境保护、住房城乡建设等有关部门，共同推进特色小镇和小城镇建设工作，加强对各地区的监督检查评估。国务院有关部门对已公布的两批403个全国特色小城镇、96个全国运动休闲特色小镇等，开展定期测评和优胜劣汰。

明确了立足规律、立足实际、立足长远的要求。《意见》明确提出要遵循城镇化发展规律，科学把握浙江经验的可复制和不可复制内容，准确把握其地域性、阶段性和产业特殊性。意见也明确指出要立足实际和立足长远。各地区发展很不平衡，树立正确政绩观和功成不必在我的理念，避免脱离实际照搬照抄。尤其是对中西部地区特色小镇和小城镇建设要走少而特、少而精、少而专的发展之路，避免盲目发展、过度追求数量目标和投资规模。

明确要聚焦高端产业和产业高端方向，打造特色产业集群。《意见》明确指出要聚焦高端产和产业高端方向，着力发展优势主导特色产业，延伸产业链、提升价值链、创新供应链，吸引人才、技术、资金等高端要素集聚，打造特色产业集群。一些地方随意拿出个产业名称或符号就声称可以打造某某小镇，比如所谓的金丝鸟小镇、甜玉米小镇、采矿小镇、地方戏小镇等。有的是子虚乌有的产业，有的是低端的一般农业，有的是落后淘汰的产业，有的是不成产业体系的民间小众风俗爱好，这与特色产业和产业集群的要求相去甚远。总之，能支撑特色小镇或特色小城镇的产业要么是高端，要么是产业高端方向，不仅要具有一定发展基础，还要有较好的成长空间和区域带动性。

明确了政府与市场边界，企业是主力军，政府不仅是“守夜人”，还是“引路人”和“服务人”。《意见》明确指出各地区要以企业为特色小镇和小城镇建设主力军，鼓励大中型企业独立或牵头打造特色小镇，培育特色小镇投资运营商，避免项目简单堆砌和碎片化开发。发挥政府强化规划引导、营造制度环境、提供设施服务等作用，顺势而为、因势利导，不要过度干预。鼓励利用财政资金联合社会资本，共同发起特色小镇建设基金。首先，这将一些空壳公司、房地产公司、没有运营能力的公司堵在了门外。其次，也为政府的角色明确了定位，指出了其不仅有责任营造良好制度环境和提供基础设施条件，还要做好筛选、引导、基本服务工作，不可以“大包大揽”，也不可以作“甩手掌柜”。

明确了实行创建达标制度，直接打击了一批欲“戴帽子”“套名利”的投机商。意见明确指出各地区要控制特色小镇和小城镇建设数量，避免分解指标、层层加码。统一实行宽进严定、动态淘汰的创建达标制度，取消一次性命名制，避免各地区只管前期申报、不管后期发展。提出的“达标制”事实也是“创建制”，并直接否定了“命名制”，可谓大快人心。目前公布的特色小镇名单中具有“命名制”倾向，让一些地方政府和投资商无所适从，甚至“倍感忽悠”，造成了大量资源浪费，“达标制”的提出让真正想做事情的政府和企业看到了曙光，找到了路径，也将让一些投机者无处遁形，望风而逃。

五个严防为特色小镇和特色小城镇建设划出红线

《意见》中提到“五个坚持”“五个严防”，这是国家发展改革委联合其他三部委联合下发的指导意见，某种程度上为特色小镇和特色小城镇建设划出了不可践踏的红线，正当其时，具有十分重要的理论指导和现实纠偏意义。

坚持创新探索，防止“新瓶装旧酒”“穿新鞋走老路”。《意见》要求创新工作思路、方法和机制，着力培育供给侧小镇经济，努力走出一条特色鲜明、产城融合、惠及群众的新路子，不是对建制镇的修修补补，也不是对产业基地的公共服务配套，而是要求产城融合供给侧创新和惠及人民。

坚持因地制宜，防止盲目发展、一哄而上。意见要求从各地区实际出发，遵循客观规律，实事求是、量力而行、控制数量、提高质量，体现区域差异性，提倡形态多样性，不搞区域平衡、产业平衡、数量要求和政绩考核。事实上，正是上述问题给特色小镇和小城镇建设的整体形象造成了较大破坏，立即刹车十分必要，尤其是对政绩和平衡的追求抹杀了特色小镇和小城镇建设的初衷。

坚持产业建镇，防止千镇一面和房地产化。意见要求立足各地区要素禀赋和比较优势，挖掘最有基础、最具潜力、最能成长的特色产业，做精做强主导特色产业，打造具有核心竞争力和可持续发展特征的独特产业生态。建设产业小镇是浙江特色小镇最本质的特征，在发展的过程中，各种所谓专家的解读和个别房地产商的推波助澜，俨然将一些地区的特色小镇和特色小城镇建设变成了新一轮的城市房地产运动。因此，提出严防房地产化，某种程度上切中了目前小镇建设的乱象要害。各地区要综合考虑特色小镇和小城镇吸纳就业和常住人口规模，对产业地产和住宅地产的交易期限要严格控制，严格防范“假小镇真地产”项目。

坚持以人为本，防止政绩工程和形象工程。《意见》指出围绕人的城镇化，统筹生产生活生态空间布局，提升服务功能、环境质量、文化内涵和发展品质，打造宜居宜业环境，提高人民获得感和幸福感。特色小镇和小城镇建设的根本目的是为了人民美好生活的需要，而不是为建设而建设，也不是回到粗放发展的老路上，要在追求城镇经济发展的同时，追求更文化、生态、质量等更全面的发展。为此，必须严格控制生态红线和耕地红线，坚持“绿水青山就是金山银山”，坚持“饭碗要端在自己手里”。

坚持市场主导，防止政府大包大揽和加剧债务风险。《意见》要求按照政府引导、企业主体、市场化运作的要求，创新建设模式、管理方式和服务手段，推动多元化主体同心同向、共建共享，发挥政府制定规划政策、搭建发展平台等作用。一些地方政府按照传统开发区模式来推进特色小镇建设，忘记了特色小镇建设体制机制“活而新”的基本要求，甚至重启了先前开发区建设式的基建和招商模式。殊不知，一些地方政府的开发区模式已经埋下了短期难以弥补的隐性债务祸根，目前正在逐步发酵。因此，必须避免盲目举债建设，统筹考虑债务风险和小镇建设资金来源及可持续性发展问题，不能让特色小镇举债建设成为地方政府隐性债务的另一个入口。

第十一章

有序推进我国特色小镇建设的政策建议

特色小镇建设具有重要时代性意义，是我国新常态下加快经济转型的产业发展新平台，也是工业化、城镇化、农业现代化、信息化“四化同步”新载体，更是我国新型城镇化供给侧结构性改革的新抓手。目前，特色小镇建设存在行政主管机构多头、开发区模式倾向凸显、市场主体定位不准等一些亟待解决的问题。未来，我们应充分理解中央精神，以“创新、协调、绿色、开放、共享”为发展理念，回归特色小镇建设的基本价值，正确处理政府和市场主体的关系，客观看待房地产企业投资特色小镇行为，建立有效的约束和激励机制，真正建设一批“生产、生活、生态”深度融合的特色小镇，为我国经济社会发展转型和全面建设小康社会做出应有贡献。

当前和今后一个时期，是推进特色小镇建设的关键时期。为贯彻落实国家住房城乡建设部、发展改革委、财政部等关于特色小镇建设的实施意见，为向各级政府和各类投资主体建设特色小镇建言献策，我们对中央及地方政府相关部门的文件进行了深入研究，并联系了具有典型代表的特色小镇进行了实地调研。研究发现，当前特色小镇建设热情高涨，各级政府也推出了一系列支持政策，取得了很大成效，但政府、企业和相关支持部门在认识上还存在一定偏差，我们需要回归特色小镇的价值本位，从“产城人文”四位一体的视角出发，系统性设计特色小镇的支撑架构，有效促进特色小镇健康发展。

一、特色小镇建设具有重要时代性意义

当前，我国处于经济社会发展的新常态时期，也是全面建设小康社会的决胜期。特色小镇建设为我们提供了产业发展新平台、“四化同步”新载体和新型城镇化供给侧改革新抓手，具有重要的时代性意义。

（一）特色小镇建设是在经济新常态下加快经济转型的产业发展新平台

当前，我国经济正处于以“三期叠加”为典型特征的新常态时期。这就要求我们构建新型产业发展平台，同时促进传统产业转型升级和新兴战略性产业快速发展。特色小镇建设强调以产业发展为首要支撑，在产业选择上强调首选战略性新兴和历史经典产业，这与新常态下我国产业发展的基本思路是吻合的。同时，特色小镇的产业首先强调“特”，这就为产业同质化竞争设置了一定障碍，也为深挖当地产业资源潜力提供了机会。因此，在新常态下，特色小镇建设为我国产业升级转型搭建了新型平台，将对我国经济社会转型产生十分重要的推动作用。

（二）特色小镇建设是工业化、城镇化、农业现代化、信息化同步推进的新载体

工业化、城镇化、农业现代化和信息化“四化同步”是当前和今后一个时期我们经济社会发展的重要战略。特色小镇建设，从一开始讲究强调要具有“特而强”“聚而合”的气质。也就是说，在产业上可以是工业、农业、信息产业驱动，也可以是服务业驱动。在功能上，则强调城市功能、产业功能、生态功能等方面的综合性，而不是单一性。因此，特色小镇建设可以成为“四化同步”推进的“试验田”，也可以成为“四化同步”的展示“窗口”和新型样板，这就为我国大力推进“四化同步”提供了新载体。

（三）特色小镇建设是新型城镇化建设供给侧结构性改革的新抓手

由于各个地区实际情况差距较大，特色小镇建设的理念、思路、路径和方式也呈现出多样化特征，但总的方向均体现出了“三个结合”，即推动小城镇发展与疏解大城市中心城区功能相结合、与特色产业发展相结合、与服务“三农”相结合。因此，在空间分布上，有的位于大都市圈和大城市周边，有的位于具有特色产业资源和发展优势的地区，有的位于农业生态环境较好且容易促进“一二三”产业融合的地区。上述“三个结合”和“三种地理”位置分布恰恰是我国新型城镇化建设未来关注的重点领域和重点地区，也是需要在产业体系创新、生活质量提升、生态环境保护方面加强供给侧结构性改革的重点领域和地区。因此，特色小镇建设为我国新型城镇化供给侧结构性改革提供了重要新抓手。

二、当前我国特色小镇建设存在一些亟待解决的问题

我国特色小镇建设的重大意义已经得到了社会各界的充分认可，并且也已经取得了巨大成就，但依然存在着行政主管机构多头、开发区模式倾向凸显、市场主体定位不准等一些亟待解决的问题。

（一）行政主管机构多头，基本申报条件存在分歧，给特色小镇的申报和推进工作带来了较大困扰

关于特色小镇建设政府文件主要包括国家住房城乡建设部2016年的147号文《国家住房城乡建设部、国家发展改革委、财政部关于开展

特色小镇培育工作的通知》、221号文《国家住房城乡建设部、中国农业发展银行关于推进政策性金融支持小城镇建设的通知》和2017年的81号文《关于推进商业金融支持小城镇建设的通知》，国家发展改革委2016年的2125号文《国家发展改革委关于加快美丽特色小（城）镇建设的指导意见》、2604号文《关于实施“千企千镇工程”推进美丽特色小（城）镇建设的通知》和2017年的102号文《关于开发性金融支持特色小（城）镇建设促进脱贫攻坚的意见》，以及国家体育总局2017年73号文《体育总局办公厅关于推动运动休闲特色小镇建设工作的通知》和国家林业局2017年110号文《国家林业局办公室关于开展森林特色小镇建设试点工作的通知》，其关键词主要涉及建制镇、非镇非区、建设银行、国家开发银行、千企千镇、光大银行、特色小镇试点等。上述一系列重要文件的发布，为特色小镇建设注入了越来越多的新动力，也带来了越来越多的新疑问。

首先，主管行政机构出现了多头特征。很多人都在问主管部门是谁，究竟是国家住房城乡建设部、发展改革委，还是一些协会，国家体育总局、林业局特色小镇与国家住房城乡建设部、发展改革委、财政部倡导的特色小镇有什么区别。因此，在特色小镇申报工作中，有的地区是发展改革委（局）牵头，有的地区是住建厅（局）在牵头，目前体育局、林业局也分别在独自牵头做。其次，支持资金究竟从哪里来。关于特色小镇专项建设资金，是国家住房城乡建设部联合某机构下发，还是来源于发展改革委专项建设资金，还是财政部中央预算内资金，还是一些商业金融机构，还是一些协会下属的投资机构，存在一定程度的混乱。最后，建制镇还是非建制镇。发展改革委的相关通知一般明确表示特色小镇分两种，建制镇和非建制镇，但国家住房城乡建设部发布的第一批特色小镇名单中全是建制镇，第二批通知也要求是建制镇，非建制镇已经不在接受申报。

总之，在主管部门、支持资金来源、建制镇还是非建制镇等方面出现了多头领导和多种说法，甚至有的说法相互矛盾也自相矛盾，这给特色小镇申报和建设推进工作带来了较大困扰。比如，一大批按照非建制镇规划设计的特色小镇面对国家住房城乡建设部第二批特色小镇的通知只能望之兴叹，目前这些非建制镇特色小镇投资主体最期待的可能是发展改革委牵头的“千企千镇”工程，但目前关于相关支持基金如何申报尚无明确的指导文件。

（二）开发区模式倾向凸显，存在将特色小镇建设作为招商引资“风口”和指标任务逐级下派倾向

首先，地方政府和企业对政策理解存在不同程度的偏差，且越往基层越严重。一些地区将特色小镇概念无限扩大，将一些新规划的农业项目、教育项目、工业项目、安置项目、生态保护项目等都冠以特色小镇的名义；有些地区想借助特色小镇的概念来争取款项改造旧城区；有的地区想借助特色小镇的概念来解决道路交通、污水处理问题；还有些地区急于搞特色小镇，抓住任何一个产业或行业的名字，或某房地产楼盘的名字都直接披上特色小镇的外衣。

其次，一些地方将特色小镇建设作为开发建设和投资拉动的“风口”，依然是开发区式的行政主导，存在政府大包大揽，盲目追求短期政绩倾向。一些地方习惯于投资驱动思维，习惯于建设产业园区的传统模式，仍以地方国企和政府投资平台为主体，潜藏着巨额政府债务风险。一些地方政府贪大、求多、图快，追求短期利益和表面形象

变化，而对于特色小镇培育周期、投资规模、完成数量设置过高要求。为急于出成果，忙于出政绩，一些经济发展基础比较一般的地级市也提出要打造数十个特色小镇。

最后，一些地方政府存在计划经济思维，要求逐级下派分配任务，完成某些数量指标。有些地方要求各市、区、县均要选择出各自的特色小镇培育试点，计划形成所谓“省、市、县分级创建的特色小镇格局”。这种分级创建的思路听上去很美，尤其是将特色小镇按行政级别分为不同的层次后，看上去很具有层次性、逻辑性和可操作性。但是，这与国家要求集中力量重点培育基础条件较好的特色小镇的初衷并不一致。尤其是，在中西部落后地区，这种分级创建的思路和“撒胡椒面”式地配置有限优质资源没有多大区别，这很有可能造成新的投资浪费和烂尾工程。

（三）市场主体定位不准，存在将特色小镇作为“拿地拿钱”的招牌和盲目跟风现象

首先，政府对投资主体的地位和作用认识不足。特色小镇相关通知中明确要求“政府引导、市场（企业）主导”，但一些地方政府认为一些“稳赚不赔”的生意尤其是一些垄断性的收费项目必须由政府牵头来做，将一些难度大、赚钱少、周期长甚至赔钱的项目让企业来主导，这显然难以成功。有的政府在与社会资本合作过程中在特许经营、合理定价、财政补贴等方面会担心承担很多责任，或者担心一些税收来源消失，拒绝与社会资本进行合作，持观望态度。有些政府甚至“无为而治”，给出一片荒地，要求投资企业完全“自投、自建、自运营”，还要求过一段时间后进行“移交”，这完全是将政府本应

该承担的一些基础公共设施和服务责任转嫁给了投资企业这个“冤大头”。事实上，只有政府和企业认清职责，站好位置，深度合作才能将特色小镇建设运营成功。

其次，投资主体对自身定位存在偏差，存在借助“特色小镇”概念“拿钱拿地”的倾向。尤其是一些房地产企业，因为具有投资资金，所以诱导政府合作建设特色小镇，但真实目的可能是要拿地和拿政府贴息贷款，并没有打算对特色小镇的“产业、文化、旅游、社区” 功能进行系统性的投资、运营，还美其名曰从“生活侧”入手，事实上是搞住宅小区建设，而对小镇未来主导产业的设计则主要是根据地方政府领导的偏好来进行，目的是形成能顺利通过的方案，而不是发展可以支撑小镇发展的产业。

最后，盲目跟风，创新不足，存在一定程度的简单模仿照搬照抄现象。特色产业是支撑特色小镇可持续发展的生命力，也是特色小镇赖以存在的基本理由。一些地方对本地特色产业、资源禀赋、文化遗存等比较优势认识和挖掘不深，不顾发展阶段、经济水平和特色小镇生成与发展的基本规律，所确定的产业和功能脱离实际，在发展模式上简单模仿、生搬硬套，在建设标准和行动步骤上盲目设定，希望通过税收优惠、资金补贴、用地倾斜等优惠政策来维持小镇运转。

三、有序推进我国特色小镇持续健康发展的政策建议

综上所述，我国特色小镇建设具有重要意义，但在推进过程中出现了一些“成长的烦恼”。未来，我们应充分理解中央精神，回归特

色小镇的基本价值，正确处理政府和市场主体的关系，客观看待房地产企业投资特色小镇的行为，建立有效的约束和激励机制，为特色小镇建设系统性保障。

（一）理解中央精神，回归特色小镇基本价值，分区、分类打造“生产、生活、生态”融合的美丽小镇

首先，特色小镇分为建制镇和非建制镇两类。两类的区别在于一个是已经存在的具有镇级政府管辖的空间，一个是政府或企业打造的“非镇非区”“产城人文”深度融合的新型发展平台，是经济转型升级的新空间。目前，国家住房城乡建设部主推的是建制镇，发展改革委和其他相关部门注重推非建制镇。

其次，特色小镇建设需要“产城人文”并重。不能因为产业是特色小镇的核心就忽视生活、生态方面的功能完善，否则容易造成人口吸引力不足。不能因为关注盈利模式就是忽视生态保护、资源节约、文化传承等方面的考虑，这会影响小镇宜居品质和社区成熟度的长远发展。在大城市和小城镇均应充分把握特色小镇建设机遇，在旧城改造、旧厂房更新、旧村庄美化等方面可以适当切入，不盲目包装，但也不排斥此类项目包含在特色小镇建设中。

最后，特色小镇建设需要选择性重点培育。不能盲目逐级下派创建特色小镇数量指标。而是应该分区、分类、分阶段精心选择有基础有条件的项目和地区进行重点培育。在小镇类型选择上，东部相对发达地区可以多考虑非建制镇类特色小镇建设，尤其是大城市周边的适合疏解大都市功能的发展平台。中西部相对落后地区可以适当多考虑具有区位和特色产业资源优势的建制镇进行更新打造。在金融支持

上，建议国家给予适当倾斜，比如由国家发展改革委牵头成立“东北、西北、边疆特色小镇产业投资基金”。

（二）正确处理政府和市场主体的关系，建立长期良性互动的体制机制

首先，特色小镇建设是一个系统工程，需要政府与企业的深度合作。地方政府不能将特色小镇作为争取有关部门资金的手段，而忽视对建设内容、主体、方式等方面的研究和引导。企业也不能认为既然是市场主导、企业为主体，就忽视政府的作用，尤其是不顾及政府的公益性事业要求，完全按照市场法则来行事。

其次，政府应多掌握全局，企业应多关注运营维护。政府在特色小镇建设推进过程中，应全面关注产业支撑、公共服务、社会治理、农村劳动力转移等重点内容，并在基础公共设施和服务上如基础道路、污水处理、供电、供热、供水等方面承担相应的责任。企业则应在产业植入、资本引入、管理导入等方面从商业可持续性角度加大投入力度。

最后，根据不同建设阶段，政府和企业关系应动态调整。在小镇建设初期，要由政府牵头提供基础公共设施服务，充分发挥财政资金的引导作用。在小镇建设的中后期阶段，要积极引入专业运营商和产业运营机构，及时补充、提升小镇的生产功能和生活服务功能。即政府的重点作用是“扶上马且送一程”，专业投资运营机构的重点职责是及时从政府手中接过投资、建设、运营的“接力棒”。总之，不同阶段需要不同的主体发挥出自己的独有功能，勠力同心，合力共建。

（三）客观看待房地产企业投资特色小镇的行为，纠正房地产化倾向

首先，房地产企业自觉转型建设特色小镇值得鼓励，并已有成功案例。房地产企业自发转型建设的特色小镇，若规划建设运营得当，完全可以实现特色小镇的全部价值，不宜将房地产企业“妖魔化”。蓝城公司的春风长乐小镇、嵊州农业小镇，万科公司的良渚文化小镇等均取得了不同程度的成功。因此，对值得提倡的房地产企业建设的特色小镇应给予其他类型投资企业同样的激励政策。

其次，要严格控制部分企业的“房地产化”风险。无论特色小镇的建设主体是否为房地产企业，均应严格把控住宅用地的配给比例，认真研究小镇常住人口规模、吸引人口来源和相关配套服务的供给。强化小镇特色产业的支撑，重点考察小镇产业的资源禀赋基础、市场需求及规模和公共设施服务支撑能力。

最后，利用房地产企业资金雄厚，对生活服务业运营相对专业的特征，探索生活性服务业的政策创新。比如在房地产企业所建设的特色小镇中，允许民办医疗、养老服务、民办学校实行经营者自主定价，将合格的私营医疗机构纳入指定的医疗保险范围。借助特色小镇发展平台，推进医师执业注册制度改革和医务人员多点执业，确保民办机构在人才引进、职称评定、科研课题上与公立机构具备平等待遇。

（四）建立有效的约束和激励机制，促进特色小镇有序共享发展

首先，严格按照国土资源规划、城市发展规划推进特色小镇建设，增强政府及相关管理部门的责任感。坚持超前规划，在推进“多

规一体”的基础上，合理划定小镇生产、生活、生态空间布局，创造可持续发展的“宜居、宜业、宜游”的新空间载体。

其次，适当扩大特色小镇管理权限，建立有效约束机制，不断增强投资运营主体的成就感。对纳入特色小城镇建设范围的建制镇要逐步实现财权、地权、事权、人权等有序下放，其管理职能和权限可按照县城或特大镇对待。可允许非建制镇类的特色小镇成立具有一定权限的特色小镇管理委员会。创新政策激励机制，改变政策扶持资金的发放时序，对于创建合格的特色小镇及时给予资金等奖励，而不是对仅处于概念阶段的特色小镇就盲目给予资金支持。

最后，要充分发挥特色小镇的社会效益，增加就业和居民收入，不断提升小镇及周边居民的获得感。特色小镇建设者要有一定的社会责任感，让小镇所在地区的农民和村集体参与到小镇建设中，要在社会事业方面确定长期投入机制，切实贯彻执行共享发展理念。可通过土地或资金入股等方式，建立长期有效的开发收益分享机制，可确定一定的收益分红比例用于小镇生态、生活环境的改善。着力打造“小镇政府、企业、市民”的利益共同体。

（原载国务院发展研究中心《调查研究报告》[2017年第94号（总5169号）]）

产业创新平台案例

杭州市余杭区梦栖小镇

梦栖小镇，坐落于世界设计的发源地——良渚，取名源自良渚著名设计师大家沈括的《梦溪笔谈》，取意设计梦想栖息之地，是国内唯一一个实行设计引导经济策略的创意区域。小镇于2015年11月正式启动建设，2016年1月28日被列入第二批省级特色小镇创建名单，继而被授予“中国工业设计小镇”称号。

梦栖小镇位于杭州市主城区西侧，是大杭州空间结构与产业结构调整的重要一翼。小镇区域地理位置优越，东临未来科技城，西与临安市接壤，与杭州市主城核心区直线距离20公里，属杭州大都市区半小时交通圈、经济圈、旅游圈的范围内，无缝连接杭州主城区，交通便利，受杭州市的辐射带动影响大。

在获批省重点特色小镇后，梦栖小镇的区位优势进一步提升。在发展原有宜居的生态环境基础和多元产业的基础上，小镇致力于给入驻的机构企业提供最给力的政策和最贴心的服务。建设方面，梦栖小镇坚持“有核无边，带动辐射”的思路，布局了设计、创意、创新、创业、金融五大中心，设计产业生态链完善。与此同时，小镇还制定了一系列创业发展的保护措施，例如，明确企业进驻和商业运作扶持政策等。

梦栖小镇的特色优势显著。五千年的良渚文化是梦栖小镇的根，良渚文化的深厚底蕴，为设计产业的发展营造了浓郁的文化氛围。“水中小洲”的优美环境加之五千多年前精巧而又别致的良渚文化，为设计师们的创作奠定了良好的基础。同时小镇内的文化村已养成了一些特有的行为准则和良好规范，成为国内外社区参观学习的榜样。

这些都是小镇特有的软实力。毗邻科技城，积极联动科技城，引进了先进的科技水平；沿袭了浙大学脉，文化底蕴深厚，人才济济，小镇的产业结构趋向多元化，人才数量空前庞大，都为小镇的特色优势加分甚多。

梦栖小镇以多元、包容、开放、跨界为引领，紧盯高端装备制造前端的工业设计，兼顾智能设计和商业设计，重点实施“科技、人才、文化、金融”战略，通过三年时间，完成投资34.3亿元，其中特色产业投资占比62.24%。小镇集聚产业项目200个、引进设计人才3000名，全力打造中国工业设计圣地、世界工业设计高地和全球资源聚合平台。

梦栖小镇以国际化视野审视定位自身，致力于在国际设计领域占据一席之地。一路走来，小镇凭借自身的努力和创造力，不断取得新的成就和突破。创立伊始，便凭借一连串引领全球设计界的前瞻性探索，迅速完成第一阶段的成长。梦栖小镇浓厚的设计氛围不仅吸引了“南张北柳”工作室的入驻、创业人才的集聚，也获得了国内外各个设计大奖赛、大会的青睐。意大利“金圆规奖”、中国设计原创奖更是将梦栖小镇作为奖项的永久颁奖地，为中国的工业设计师带来了前所未有的机遇。自启动以来，小镇先后举行了中国工程院“创新设计论坛”、首届世界工业设计大会等活动。首届世界工业设计大会系中国工业设计界中外合璧共谋发展的第一次盛会，会议规格为中国工业设计发展史上最高，同时也奠定了良渚在工业设计界的地位和影响力。

未来，小镇将充分发挥良渚环拥浙大、联动未来科技城的独特优势，重点围绕“跨文化发展、跨产业融合、跨门类整合”的主题引领，打造以创新设计为主导的产业示范区。

参考文献

[1] 周鲁耀，周功满. 从开发区到特色小镇:区域开发模式的新变化. 城市发展研究，2017（1）

[2] 姚尚建. 城乡一体中的治理合流——基于特色小镇的政策议题. 社会科学研究，2017（1）

[3] 尹怡诚，张敏建. 安化县冷市镇特色小镇城市设计鉴析. 规划师，2017（1）

[4] 张鸿雁. 论特色小镇建设的理论与实践创新. 中国名城，2017（1）

[5] 周晓虹. 产业转型与文化再造:特色小镇的创建路径.南京社会科学，2017（4）

[6] 王振坡，薛珂. 我国特色小镇发展进路探析. 学习与实践，2018（4）

[7] 钟娟芳. 特色小镇与全域旅游融合发展探讨. 开放导报，2017-4-8

[8] 沈克印，杨毅然. 体育特色小镇:供给侧改革背景下体育产业跨界融合的实践探索. 武汉体育学院学报，2017-6-15

[9] 晓东，蒋雅伟. 基于根植性视角的我国特色小镇发展模式探讨. 中国软科学，2017（8）

[10]陈桂秋，马猛. 特色小镇特在哪. 城市规划，2017（2）

[11]易开刚，厉飞芹. 基于价值网络理论的旅游空间开发机理与模式研究——以浙江省特色小镇为例. 商业经济与管理，2017（2）

[12]张吉福. 特色小镇建设路径与模式——以山西省大同市为例. 中国农业资源与区划，2017（1）

[13]温燕，金平斌. 特色小镇核心竞争力及其评估模型构建. 生态经济，2017（6）

[14]华芳，陆建城. 杭州特色小镇群体特征研究. 城市规划学刊，2017（5）

结　语

推进新时代特色小镇高质量发展

一、特色小镇建设出现了较大偏差

特色小镇建设是促进产业转型升级、产城融合发展、城镇化供给侧结构性改革和新型城镇化高质量发展的重要抓手，但是在具体实施过程中出现了一定程度的偏差。

首先，政策导向与建设实践之间出现偏差。当前，部分地方政府和企业对特色小镇政策理解存在不同程度的偏差，且越往基层越严重，存在将特色小镇建设作为招商引资“风口”和指标任务逐级下派倾向。开发区模式倾向凸显，出现政府大包大揽、盲目追求短期政绩的现象。政府对投资主体的地位和作用认识不足，仍以地方国企和政府投资平台为主体，潜藏着巨额政府债务风险。部分地区特色小镇建设盲目跟风，创新不足，缺乏对自身特色产业、资源禀赋、文化遗存等优势的正确认识和深入挖掘，导致产业和功能脱离实际，还存在借特色小镇之名行房地产开发之实的现象，和特色小镇建设的初衷相背离。

其次，形态打造与功能匹配之间出现偏差。在特色小镇建设过程中，为使建筑风格、产品设计、人文塑造等方面形成自身的特色和风格，让小镇展现独特气质和精美形态，往往会忽略人居功能的打造，各个小镇常住人口和建设推进情况差异较大。如，金融基金类小镇往往更偏重于基金人士吸引而非忽略一般人居需要，导致小镇“社区”功能弱化，一些基金小镇目前仅有几十人或未有居民入住。北京市、海南省和河北省特色小镇建成区常住人口平均值不足万人。大量极具产业发展潜力的小镇严重缺乏配套基础设施，导致入住率偏低。特色小镇建设还需在人口集聚上下功夫。

最后，宜居与宜业共生融合之间出现偏差。产城融合是新型城镇化的重要途径，也是特色小镇建设的关键，但目前部分特色小镇建设或侧重产业发展，或偏重镇区建设，宜居与宜业无法兼顾。产业是特色小镇发展的生命力，但一些特色小镇只着眼于提升产业发展和产业链的打造，追求经济效益，甚至出现“空城化”，产城分离，环境恶化，这样的发展方式，缺乏可持续性，无法真正推动产业升级，突破配套功能。随着城镇化步伐加快，为了提高城镇化率，加快基础设施建设和旅游景区打造，部分特色小镇缺乏二、三产业支撑，单一经济发展无法使特色小镇健康持续发展。生产、生活、生态有机融合仍是特色小镇建设难点和重点。

二、特色小镇高质量发展的重点内容

高质量特色小镇建设需要重点关注特色产业引领、人居功能聚合、文旅元素魅力和体制机制创新等四个方面。

特色产业引领。特色小镇需大力发展特色产业，通过整合重组，升级转型，调整布局，优化结构，更好地实现产业集聚、特色彰显。同时，做好与产业发展相关的招商融资、旅游开发、人才引进等要素开拓工作，共同构成考核评价的重要内容。

人居功能聚合。特色小镇发展特征之一是多元融合。加强基础配套设施建设，做好小镇建设规划，强化小镇社区功能，提供安定、舒适、便捷、充满幸福感的生活空间，在人口数量与分布、空间结构与利用等方面进行科学设计，吸引人们到此乐居乐游乐业，显得至关重要。

文旅元素魅力。特色小镇必须重视生态环境和文化建设，树立“绿水青山就是金山银山”发展理念，强化产业与文化旅游功能混合叠加，打造宜居宜业宜游新型空间，充分挖掘和彰显当地人文特色与底蕴。

体制机制创新。特色小镇建设需要突破一些体制机制障碍，需要不断降低体制机制成本。特色小镇建设中体制机制创新重点不是颁布各种条文和各种鼓励补贴政策，而是要围绕产业创新平台构建新型制度、政策体系。

三、多措并举，推进新时代特色小镇高质量发展

推进新时代特色小镇高质量发展需要围绕产、城、人、文四个方面查漏补缺，整体上促进特色小镇沿着高端产业、美丽宜居、充满活力和可持续发展方向前进。

第一，加强产业科技支撑，推进特色小镇产业沿着高端产业或产业高端方向前进。建设特色小镇，必须保持鲜明的地域特色、产业特

色，保持乡土文化原真性、鲜活性，务求与产业发展相融合，同时要坚持把改善民生作为建设落脚点，科学制定自身发展目标，合理确立发展定位。根据小镇、小城镇资源环境承载力和未来发展潜力，合理规划小镇、小城镇经济规模、人口规模、用地规模，不能冒进。产业发展需兼顾“特色”与“绿色”，要注重传统优势产业业态完善与整合、创新与提升，以信息化改造提升传统动能，推动传统产业向智能化、高端化发展。同时进一步突出“科技”导向，强化科技在特色小镇产业发展和公共服务等多方面支撑引领作用，加快聚集优质创新资源，打造产业链与创新链高度融合的特色小镇。

第二，补齐宜居、文化底蕴、共享方面短板，深化特色小镇功能融合。目前各地特色小镇在人口集聚上差异较大，基础设施及周边配套设施建设略显不足，人才引力不强，未来发展需更重视生态居住功能提升，进一步强化“以人为本”理念，让人才成为特色小镇建设的根本支撑。力求“产城人文”并重发展，保障小镇和小城镇的宜居品质与社区成熟度，不能因为产业是核心就忽视生活、生态功能的完善，不能因为关注盈利模式就忽视环境保护、资源节约、文化传承等方面考虑，务必要重视软规划，打造属于自己的文化标识。在建设推进过程中，要时刻践行共享理念，让民众参与到小镇、小城镇建设中来，充分发挥特色小镇的社会效益，增加就业和居民收入，不断提升特色小镇及周边居民的获得感。

第三，强化体制机制创新，增强特色小镇建设活力。特色小镇是新型城镇化中创新的产物，对当前体制机制变革产生了一种倒逼压力，催生更具活力的制度保障体系。特色小镇建设是一个系统工程，需要政府与企业的深度合作。政府应全面关注产业支撑、公共服务、社会治理等重点内容，企业则应在产业植入、资本引入、管理导入等方面从商业可持续性角度加大投入力度。在建设过程中，需充分发挥企业在市场经济条件下资源配置的主体作用，政府要加强引导和服务保障，将各项政策措施落到实处。当前发展特色小镇和小城镇，产业包罗万象、气质各自不同，有必要建立第三方机制，开展专业评估，形成有奖、有罚、有退的机制。

第四，完善投融资体系和规范房地产企业投资行为，提升特色小镇可持续发展能力。特色小镇建设需要投入大量资金，尤其一些基础性投资，回收周期长，面临资金约束，需要政府和企业共同努力。亟须加快形成产权明晰、符合市场规律、具备产业特征的特色小镇商业模式，吸引社会资本参与，让社会资本进得来、留得住、能受益，减轻政府资金投入压力，把特色小镇作为政府和社会资本合作模式创新承载平台。特色小镇建设给房地产业提供了一次转型机会，要鼓励大型品牌房地产企业以新发展理念，对标一流，精准、有序、有效投资建设小镇、小城镇。利用房地产企业资金雄厚，对生活服务业运营相对专业的优势，探索生活性服务业政策创新。要把新发展理念、投资手段、建设模式，摆进特色小镇建设过程中。

（原载国务院发展研究中心《调查研究报告择要》[2018年第109号（总2925号）]）

参考文献

[1] 朱莹莹. 浙江省特色小镇建设的现状与对策研究——以嘉兴市为例. 嘉兴学院学报，2016-3-1

[2] 陈前虎，郑晓虹，吴一洲. 特色小镇发展水平指标体系与评估方法. 规划师，2016（7）

[3] 罗应光. 云南特色城镇化发展研究. 云南大学，2012（6）

[4] 詹杜颖. 品牌效应下的特色小镇构建研究. 浙江工业大学，2016（1）

[5] 盛世豪，张伟明. 特色小镇：一种产业空间组织形式. 浙江社会科学，2016（3）

[6] 卫龙宝，史新杰. 浙江特色小镇建设的若干思考与建议. 浙江社会科学，2016（3）

[7] 赵佩佩，丁元. 浙江省特色小镇创建及其规划设计特点剖析，2016（12）

[8] 陈立旭. 论特色小镇建设的文化支撑. 中共浙江省委党校学报，2016-9-15

[9] 张鸿雁. 论特色小镇建设的理论与实践创新. 中国名城，2017（1）

[10] 厉华笑，杨飞，裘国平. 基于目标导向的特色小镇规划创新思考——结合浙江省特色小镇规划实践. 小城镇建设，2016（3）

[11] 闵学勤. 精准治理视角下的特色小镇及其创建路径. 同济大学学报（社会科学版），2016-11-14

[12] 苏斯彬，张旭亮. 浙江特色小镇在新型城镇化中的实践模式探析. 宏观经济管理，2016（10）

[13] 陈安华. 浅析浙江省特色小镇支撑体系. 小城镇建设，2016（3）

[14] 徐梦周，王祖强. 创新生态系统视角下特色小镇的培育策略——基于梦想小镇的案例探索. 中共浙江省委党校学报，2016-09-15

[15] 曾江，慈锋. 新型城镇化背景下特色小镇建设. 宏观经济管理，2016（12）

[16] 徐梦周，王祖强. 创新生态系统视角下特色小镇的培育策略——基于梦想小镇的案例探索. 中共浙江省委党校学报，2016-9-15

[17] 宋维尔，汤欢，应婵莉. 浙江特色小镇规划的编制思路与方法初探. 小城镇建设，2016（3）

[18] 王景新，支晓娟. 中国乡村振兴及其地域空间重构——特色小镇与美丽乡村同建振兴乡村的案例，经验及未来. 南京农业大学学报（社会科学版），2018-3-8

[19] 陈安华，江琴，张歆，叶莹莹. 特色小镇影响下的小城镇建设模式反思——以永康市龙山运动小镇为例. 小城镇建设，2016（3）

[20] 王振坡，薛珂，张颖，宋顺锋. 我国特色小镇发展进路探析. 学习与实践，2017（4）

[21] 韦福雷. 特色小镇发展热潮中的冷思考. 开放导报，2016-12-6

[22] 张蔚文. 政府与创建特色小镇：定位，到位与补位. 浙江社会科学，2016（3）

[23] 马斌. 特色小镇：浙江经济转型升级的大战略. 浙江社会科学，2016（3）

[24] 杨勐.大学生创客小微创业的浙江实践——以浙江“特色小镇”为例.中国青年研究，2016（4）

[25] 姚尚建.城乡一体中的治理合流——基于“特色小镇”的政策议题.社会科学研究，2017（1）

[26] 周晓虹.产业转型与文化再造：特色小镇的创建路径.南京社会科学，2017（4）

[27] 张吉福.特色小镇建设路径与模式——以山西省大同市为例.中国农业资源与区划，2017（1）

[28] 陈宇峰，黄冠.以特色小镇布局供给侧结构性改革的浙江实践.中共浙江省委党校学报，2016-9-15

[29] 沈克印，杨毅然，体育特色小镇.供给侧改革背景下体育产业跨界融合的实践探索.武汉体育学院学报，2017-6-15

[30] 白小虎，陈海盛，王松.特色小镇与生产力空间布局.中共浙江省委党校学报，2016-9-15

[31] 周鲁耀，周功满.从开发区到特色小镇，区域开发模式的新变化.城市发展研究，2017（1）

[32] 卓勇良.创新政府公共政策供给的重大举措——基于特色小镇规划建设的理论分析.浙江社会科学，2016

[33] 钟娟芳.特色小镇与全域旅游融合发展探讨.开放导报，2017-4-8

[34] 徐剑锋.特色小镇要聚集“创新”功能.浙江社会科学，2016（3）

[35] 徐黎源，颜传津.嘉兴市培育特色小镇路径研究.价值工程，2016（2）

[36] 钱巧鲜.特色小镇体育生态建设研究——以浙江诸暨大唐袜艺小镇为例.浙江体育科学，2016（5）

[37] 汪千郡.产城融合视角下特色小镇规划策略探讨——以青神苏镇为例.住

宅与房地产，2016（9）

[38] 黄毅，覃鉴淇. 特色小镇及其建设原则，方法研究综述. 广西经济管理干部学院学报，2017-1-15

[39] 王梦然，霍伟，李超. 浙江省创新创业驱动的特色小镇规划思考——结合特色小镇调研总结. 中国名城，2017（2）

[40] 沈琪芳. 特色小镇培育与建设的问题及对策——以湖州为例. 浙江树人大学学报（人文社会科学），2016-5-28

[41] 王小章. 特色小镇的“特色”与“一般”，浙江社会科学，2016（3）

[42] 王永昌. 小镇大梦想创业大舞台——关于梦想小镇，特色小镇建设的若干思考. 浙江经济，2015（7）

[43] 易开刚，厉飞芹. 基于价值网络理论的旅游空间开发机理与模式研究--以浙江省特色小镇为例. 商业经济与管理，2017（2）

[44] 邢思远. 云南省少数民族地区特色小镇体育旅游特点及SWOT分析. 云南师范大学，2016（5）

[45] 蔡健，刘维超，张凌. 智能模具特色小镇规划编制探索. 规划师，2016（7）

[46] 金永亮. 关于浙江创建特色小镇的实践及借鉴. 广东经济，2016（1）

[47] 乔海燕. 基于地域文化特征的嘉兴旅游特色小镇建设. 城市学刊，2016（5）

[48] 陈磊，陈元欣，张强国内外体育特色小镇建设启示——以湖北省为例. 体育成人教育学刊，2017（6）

[49] 杨毅. 基于凸显文化特色的乡村规划研究. 湖北工业大学，2015（5）

[50] 李明. PPP模式介入公共体育服务项目的投融资回报机制及范式研究——对若干体育小镇的考察与思考. 体育与科学，2017（7）

[51] 郭栋. 关于浙江特色小镇建设的思考与建议. 党政视野，2016（3）

[52] 叶慧. 经济转型发展的战略选择——浙江规划建设特色小镇综述. 今日浙江，2015（7）

[53] 柯敏. 边缘城市视角下的区位导向型特色小镇建设路径——以嘉善上海人才创业小镇为例. 小城镇建设，2016（3）

[54] 闵学勤. 德国名镇哥廷根的建设对中国特色小镇创建的启示. 中国名城，2017（1）

[55] 陈良汉，周桃霞. 浙江省特色小镇规划建设统计监测指标体系和工作机制设计. 统计科学与实践，2015（11）

[56] 高树军. 特色小城镇建设发展研究——以青岛海青茶园小镇为例. 农业经济问题，2017（3）

[57] 葛欣萍，李光全. 以创新推动特色小镇发展. 青岛行政学院学报，2016-4-18

[58] 郁建兴，张蔚文，高翔，李学文，邹永华. 浙江省特色小镇建设的基本经验与未来. 浙江社会科学，2017（6）

[59] 路建楠. 上海推进特色小镇发展的政策思路及典型案例研究. 科学发展，2017（1）

[60] 李强. 特色小镇是浙江创新发展的战略选择. 中国经贸导刊，2016（2）

[61] 陈晓蓁. 我国特色小镇主导产业选择研究. 山东建筑大学，2017（4）

[62] 许益波，汪斌，杨琴. 产业转型升级视角下特色小镇培育与建设研究——以浙江上虞e游小镇为例. 经济师，2016（8）

[63] 温燕，金平斌. 特色小镇核心竞争力及其评估模型构建. 生态经济，2017（6）

[64] 尚佐方. 旅游特色小镇电子商务应用研究. 广西师范大学，2016（4）

[65] 尹怡诚，张敏建，陈晓明，刘少博，邓鹏. 安化县冷市镇特色小镇城市设

计鉴析. 规划师，2017（1）
[66] 赵静. 特色小镇之旅游小镇的开发现状、问题及模式分析. 中国物价，2017（5）
[67] 邓小侠. 温州市特色小镇旅游开发与研究. 广西师范大学，2017（6）
[68] 蒋清，敬艳. 全域旅游视域下体育特色小镇的开发. 开放导报，2017-9-26
[69] 罗万伦. 新型城镇化进程中特色小镇建设分析——以青岛市城阳区为例. 青岛行政学院学报，2015-4-18
[70] 唐勇. 培育特色小镇需把握关键点. 浙江经济，2015（3）
[71] 翁建荣. 高质量推进特色小镇建设. 浙江经济，2016（4）
[72] 刘锡宾. 我省特色小镇建设原则和对策研究. 政策瞭望，2015（9）
[73] 金兴华. 浙江实施特色小镇战略的意义、影响与路径选择. 当代经济，2016（9）
[74] 孙超英，赵芮. 推进四川特色小镇建设的若干思考——基于四川发展特色小镇的SWOT分析. 中共四川省委党校学报，2016-9-15
[75] 黄芳芳. 以PPP模式打造特色小镇. 经济，2016（12）
[76] 洪志生，洪丽明. 特色小镇众创平台运营创新研究. 福建农林大学学报（哲学社会科学版），2016-9-5
[77] 何莽. 基于需求导向的康养旅游特色小镇建设研究. 北京联合大学学报（人文社会科学版），2017-4-20
[78] 李利军. 文创产业特质与特色小镇特色的融合. 云南艺术学院，2017（6）
[79] 张鑫洋. 北京特色城镇化模式研究. 首都经济贸易大学，2014（3）
[80] 宋涛. 特色小镇旅游深度开发中的文化元素研究. 华中师范大学，2017（5）
[81] 陈桂秋，马猛，温春阳，陈小卉，王春. 特色小镇特在哪. 城市规划，

2017（2）

[82] 李强. 用改革创新精神推进特色小镇建设. 今日浙江，2015（7）

[83] 沈晔冰. 旅游在特色小镇建设中具有重要的地位与作用. 政策瞭望，2015（10）

[84] 谢文武，朱志刚. 特色小镇创建的制度与政策创新——以玉皇山南基金小镇为例. 浙江金融，2016（9）

[85] 林峰. 特色小镇的PPP投融资模式. 中国房地产，2017（2）

[86] 陈清，吴祖卿. 福建特色小镇发展建设的“资源+人才+创新”策略分析. 福建论坛（人文社会科学版），2017（3）

[87] 刘雪. 合肥市大圩镇马拉松体育特色小镇的现状调查研究. 首都体育学院，2017（5）

[88] 居晓波. 聚焦城镇化追梦新经济——关于浙江特色小镇建设的调研与思考”，唯实，2016（3）

[89] 赵庆海. 国外特色小镇建设的经验与启示. 人文天下，2017（11）

[90] 赵海华. 袁家村特色小镇的成长与可持续性发展研究. 西安建筑科技大学，2017（6）

[91] 张雷. 运动休闲特色小镇：概念，类型与发展路径. 体育科学，2018（1）

[92] 单彦名，马慧佳，宋文杰. 全国特色小镇创建培育认知与解读. 小城镇建设，2016（11）

[93] 秦诗立. 特色小镇建设须着力“特”与“色”. 浙江经济，2015（6）

[94] 李春梅. 当特色小镇遇见“城市双修”. 中国勘察设计，2017（1）

[95] 赵士雯，赵艳华，国福旺. 新型城镇化背景下的天津特色小镇培育策略研究. 城市，2016（10）

[96] 李懿，张盈盈，解轶鹏. 特色小镇建设：历史镜鉴与域外经验. 国家治

理，2017（4）

[97] 冯奎，黄曦颖. 准确把握推进特色小镇发展的政策重点——浙江等地推进特色小镇发展的启示. 中国发展观察，2016（9）

[98] 李慧. 全域旅游视角下的旅游业态创新研究——以田园综合体为例. 中国地理学会经济地理专业委员会学术：会论文摘要集，2017（6）

[99] 王波. 规划视角下特色小镇的编制思路与方法研究——以无锡禅意小镇规划为例. 江苏城市规划，2016（10）

[100]王志文，沈克印. 产业融合视角下运动休闲特色小镇建设研究. 体育文化导刊，2018（1）

[101]张婷. 冀西北坝上地区特色小镇规划设计研究. 北方工业大学，2017（5）

[102]陈李萍. 我国田园综合体发展模式探讨. 农村经济与科技，2017（11）

[103]黄卫剑，汤培源，吴骏毅，葛慧玲. 创建制——供给侧改革在浙江省特色小镇建设中的实践. 小城镇建设，2016（3）

[104]张洪元，张红喜. 政策导向下浙江省特色小镇创建研究——以淳安县乐水小镇为例. 城市，2016（8）

[105]陈津. 探索以“特色小镇”为载体带动全域旅游发展的新思路——以仙居神仙氧吧小镇为例. 小城镇建设，2016（3）

[106]王璐. 特色小镇产业生态链及其空间载体构建研究——以余杭艺尚小镇为例. 小城镇建设，2016（3）

[107]郑巧茜. 浙江省特色小镇建设路径探究——以杭州良渚文化村建设为例. 黑龙江科技信息，2017

[108]苏海红，王松江，高永林. 特色小镇PPP项目运作模式研究. 项目管理技术，2017（6）

[109]郑浩宇. 后工业视角下浙江省特色小镇的特征分析与产生机制研究. 浙江

大学，2017（1）

[110] 王越，赵祉淇，于思扬. 特色小镇的产业定位与发展探索——以辽宁盘锦赵圈河镇为例. 中国集体经济，2017（2）

[111] 牛少凤. 培育特色小镇的“六化”路径. 中国国情国力，2016（2）

[112] 赵庆海. 国外特色小镇建设的经验与启示. 人文天下，2017（11）

[113] 唐人元. 富阳：建设中国首个智慧体育特色小镇. 杭州周刊，2015（4）

[114] 周莉雅，李晓清. 江苏特色小镇创建的思考与启示. 中国经贸导刊（理论版），2017（5）

[115] 沈诗林，王庆. 特色小镇带动生产生活生态融合发展——辽宁省建设满族文化特色小镇的规划策略与实施机制. 人民论坛，2016（12）

[116] 朱哲江. 特色小镇引领美丽乡村建设——来自河北省馆陶县的调研报告. 经济论坛，2016（9）

[117] 桑士达. 浙江特色小镇建设的调查与思考. 决策咨询，2017（2）

[118] 范斌. 基于根植性理论视角下的我国体育特色小镇建设机制研究. 体育与科学，2018（1）

[119] 李鹏举，崔大树. 空间交易费用，产权配置与特色小镇空间组织模式构建——基于浙江特色小镇的案例分析. 城市发展研究，2017（6）

[120] 张潇潇. 互联网+视域下的“体育小镇”构建研究. 南京体育学院学报（社会科学版），2017-8-15

[121] 田娟. 特色小镇研究的文献综述及展望. 中国经贸导刊（理论版），2017（12）

[122] 张鸿雁. 特色小镇建设与城市化模式创新论——重构中国文化的根柢. 南京社会科学，2017（12）

[123] 来佳飞. 特色小镇看“特色”. 浙江经济，2015（3）

[124]曹爽，罗娟. 我国特色小镇建设的研究现状与展望. 改革与开放，2017（6）

[125]吴奶金，谢晓维，陈晔，刘飞翔. 福建省特色小镇建设的路径选择. 台湾农业探索，2017（3）

[126]傅白水. 从欧美名镇看浙江特色小镇. 中国经济报告，2016（4）

[127]金立中. 新常态下产业集聚模式创新—杭州特色小镇发展研究. 浙江工业大学，2016（9）

[128]黄静晗，路宁. 国内特色小镇研究综述：进展与展望. 当代经济管理，2018（1）

[129]赵海洋. 基于SEM的我国特色小镇项目社会效益评价研究. 山东建筑大学，2017（4）

[130]于新东. 以产业链思维运作特色小镇. 浙江经济，2015（6）

[131]周彧，庞海峰，蒋跃庭，汤培源. “五特”：特色小镇的特色营造. 规划60年：成就与挑战——2016中国城市规划：会论文集（16小城镇规划），2016（9）

[132]傅超. 特色小镇发展的国际经验比较与借鉴. 中国经贸导刊，2016（11）

[133]李敢. 舒适物理论视角下莫干特色小镇建设解析——一个消费社会学视角. 城市规划，2017（3）

[134]贺炜，李露，许兰. 中国特色小镇之特色产业思考——杭州梦想小镇和云栖小镇规划设计的启发. 园林，2017（1）

[135]尹晓敏. 对当前浙江特色小镇建设存在问题的思考. 浙江经济，2016（10）

[136]陈菲妮. 厦门打造特色小镇思路研究. 厦门特区党校学报，2016-12-25

[137]鲁丰乐，俞婷瑜. 杭州市信息中心特色小镇专稿三，特色小镇的生态内涵

和生态建设. 浙江经济，2016（1）

[138]吕晴. 浅谈特色小镇规划设计. 西北农林科技大学，2017（5）

[139]刘灏，张宏杰. 新型城镇化视域下运动休闲特色小镇建设机制及路径研究. 南京体育学院学报（社会科学版），2017-8-15

[140]魏蓉蓉，邹晓勇. 特色小镇发展的PPP创新支持模式研究. 技术经济与管理研究，2017（10）

[141]陈建忠. 特色小镇建设重在打造特色产业生态. 浙江经济，2016（7）

[142]罗翔，沈洁. 供给侧结构性改革视角下特色小镇规划建设思路与对策. 规划师，2017（6）

[143]赵俊利. 全域旅游视角下旅游小镇发展模式研究. 上海师范大学，2017（9）

[144]雷仲敏，张梦琦，李载驰. 我国特色小镇发展建设评价研究——以青岛夏庄生态农业特色小镇建设为例. 青岛科技大学学报（社会科学版），2017-10-16

[145]孙奇，杨国胜. 用五大发展理念引领特色小镇建设. 浙江经济，2015（12）

[146]司亮，王薇. 我国体育小镇空间生产的理论框架及实践路径. 沈阳体育学院学报，2017-11-2

[147]张立波，张奎. “文创兴镇”视野下非遗小镇发展路径探究. 北京联合大学学报（人文社会科学版），2017-1-20

[148]顾利民. 以“五大发展理念”引领特色小镇的培育建设. 城市发展研究，2017（6）

[149]付晓东，蒋雅伟. 基于根植性视角的我国特色小镇发展模式探讨. 中国软科学，2017（8）

[150]于新东. 关于浙江加快特色小镇培育发展的建议. 党政视野，2015（9）

[151]张天浩. 丁伯康：PPP模式助力特色小镇战略落地. 经济，2017（1）

[152]刘锡宾. 特色小镇有序建设应当怎么“推”. 浙江经济，2015（6）

[153]韩金起. 从创新看浙江特色小镇建设. 知行铜仁，2016（4）

[154]李妍，马丽斌，刘婷婷，唐敏. 绿色发展理念下PPP支持河北特色小城镇发展的创新对策. 河北地质大学学报，2017-10-20

[155]李庆峰. 特色小镇：一种新型社会治理模型及其发展. 中国经贸导刊，2017（1）

[156]刘国斌，高英杰，王福林. 中国特色小镇发展现状及未来发展路径研究. 哈尔滨商业大学学报（社会科学版），2017-11-15

[157]周旭霞. 特色小镇的建构路径. 浙江经济，2015（3）

[158]王秋辉. PPP+特色小镇——PPP模式在特色小镇建设中的研究. 知识经济. 2017（6）

[159]张洁. 优化土地配置的“小镇故事”——杭州市首批特色小镇建设调研. 中国土地，2016（9）

[160]姜紫莹. 浅析浙江“特色小镇”发展模式创新. 规划60年：成就与挑战——2016中国城市规划会论文集（16小城镇规划），2016（9）

[161]冯晓霞. 国外特色小镇是如何打造的. 光彩，2017（4）

[162]赵磊. 云南省特色小镇规划编制思路探析. 小城镇建设，2013（4）

[163]刘顺英，高留建，何传龙. 特色小镇的配套设施设计——以梦想小镇，云栖小镇规划设计为例. 园林，2017（1）

[164]赵华. 旅游特色小镇创新开发探析. 经济问题，2017（12）

[165]范远航. 浙江特色小镇发展症结与路径规划——以18个特色小镇为例. 经济师，2017（4）

[166]何春刚. 体育小镇建设中的政府职能与推进路径. 南京体育学院学报（社会科学版），2017-8-15

[167]王国华. 略论文化创意小镇的建设理念与方法. 北京联合大学学报（人文社会科学版），2016-10-20

[168]林峰. 体育小镇激活体育产业新蓝海. 中国房地产，2017（4）

[169]我的田园. 我的美丽乡村——如何以农民合作社为主体发展“田园综合体”. 中国合作经济，2017（5）

[170]王梦飞. 区域文化与特色小镇建设的协同发展研究. 山西建筑，2017（1）

[171]宋文杰. 项目包带动式的特色小镇规划创新——以柯桥酷玩小镇为例. 小城镇建设，2016（3）

[172]郑京平，刘子夜. 浙江特色小镇调研分析. 调研世界，2017（6）

[173]陈敏翼，刘永子. 广东特色小镇发展现状及对策建议. 广东科技，2017（3）

[174]卓勇良. 特色小镇的内涵与外延. 今日浙江，2015（7）

[175]牟盛辰. 产城融合视阈下特色小镇的培育对策研究——以台州游艇小镇为例. 特区经济，2017（1）

[176]王吉勇，朱骏. 不同空间维度下的众创空间供给模式及规划探索. 规划师，2016（9）

[177]张清华，宋年春. 体育特色小镇构建背景下峡山区体育旅游SWOT分析与对策研究. 辽宁体育科技，2017（6）

[178]李强. 特色小镇是浙江创新发展的战略选择. 今日浙江，2015（12）

[179]张鸿铭. 特色小镇：杭州转型升级，创新发展的新动力. 杭州科技，2016（4）

[180]桑士达，徐金才，方泉尧，姚升厚，袁中伟. 喜看特色小镇兴浙江——浙

江特色小镇建设的调查与思考. 浙江经济，2016（11）

[181]孙奇，杨国胜. 特色小镇建设重在谋划特色产业. 浙江经济，2015（3）

[182]宋文杰. 镇域特色小镇瓶颈突破之路——以诸暨袜艺小镇为例. 小城镇建设，2016（3）

[183]董兴林，牛春云. 青岛西海岸新区特色小镇可持续发展评价研究. 青岛农业大学学报（社会科学版），2017-2-15

[184]孟海宁，奚慧建，吕猛. 新型制造业小镇特色建构路径. 规划师，2016（7）

[185]张鎏. 新型城镇化背景下的特色小镇规划策略研究. 规划60年：成就与挑战——2016中国城市规划：会论文集（16小城镇规划），2016（9）

[186]杨吉华. 乡村振兴战略背景下的文化自信与提升路径. 中共石家庄市委党校学报，2018-1-15

[187]姜晓刚. 社会形态与物理形态的高度融合——南方设计关于特色小镇规划设计与实践经验浅谈. 小城镇建设，2016（3）

[188]荣国平，张连荣. 特色小镇建设理论探索与实践——以羊平小镇为例. 城市，2017（1）

[189]颜佳，任子奇. 美丽乡村与特色小镇的协同性研究. 农业工程技术，2017（1）

[190]刘力元. 浙江特色小镇创建实践. 小城镇建设，2016（3）

[191]尹晓敏. 对杭州特色小镇建设若干问题的思考. 浙江经济，2017（2）

[192]吕平，王健. 特色小镇体育生态建设研究——以四川省特色文化小镇青莲镇为例. 体育世界（学术版），2017（11）

[193]王廉. 乡村振兴：特色小镇发展战略及产业机遇初探. 南方农村，2017（12）

[194]李海阳. 依靠旅游特色小镇带动新型城镇化——在绿色崛起中加快琼中小城镇建设之我见. 今日海南，2013（4）
[195]聂正标，宋家宁. 金融资本介入特色小镇运营路径分析. 中国经贸导刊，2016（12）
[196]何国华. 基于旅游市场需求谈旅游特色小镇规划. 旅游研究，2017（1）
[197]兰建平. 特色小镇的可持续发展之路. 今日浙江，2015（7）
[198]王晓雅. 从英国的田园风光到美国的特色小镇. 决策探索（上半月），2013（2）
[199]王国灿. 特色小镇建设的文化支撑问题研究. 赤子（上中旬），2016（11）
[200]静霞. 国外经典特色小镇的“特色”启示. 房地产导刊，2017（6）
[201]罗应光. 特色小镇建设：西南边疆地区推进城镇化的主要载体. 中国党政干部论坛，2010（11）
[202]邵海鹏. 水蜜桃之乡的“田园综合体”：农家乐与特色小镇合体. 第一财经日报，2017-5-4
[203]周鑫，蒙维洋，李平. 浙江省特色小镇发展现状和对策的文献综述. 现代商贸工业，2017（6）
[204]谢青青，吴忠军. 文化场域视角下的民族地区旅游特色小镇建设研究. 广西经济管理干部学院学报，2017-1-15
[205]秦诗立. 推进特色小镇“产城人”融合发展. 政策瞭望，2015（6）
[206]宋家宁，叶剑平. 依托金融资本特色小镇整体运营模式研究. 住宅产业，2016（9）
[207]史云贵. 当前我国特色小镇的功能与路径创新. 国家治理，2017（4）
[208]卓勇良. 政府公共政策供给的逻辑必然与创新——浙江特色小镇规划建设

的理论思考. 决策咨询，2016（4）

[209]徐伟凝，厉华笑，朱婷媛，李晖. 温州智创小镇产业园区转型升级路径. 规划师，2016（7）

[210]季朝新，王一博. 运动休闲特色小镇建设：逻辑起点，概念模型和功能定位. 体育文化导刊，2018（2）

[211]杨梅，郝华勇. 农业型特色小镇建设举措. 开放导报，2017-6-8

[212]朱朝晖. 借力特色小镇弥补发展短板——绍兴诸暨“袜艺小镇”调研思考. 统计科学与实践，2016（10）

[213]林峰. 特色小镇全产业链全程解决方案. 中国房地产，2017（1）

[214]展鑫，胡卫伟. 我国特色旅游小镇的发展现状和对策研究. 农村经济与科技，2017（5）

[215]乔海燕. 互联网+视角下旅游特色小镇公共信息服务的构建与提升研究. 轻工科技，2016（9）

[216]汤临佳，胡奇芳. 工业旅游嵌入“特色小镇”建设的创新模式. 浙江经济，2017（1）

[217]吴可人. 特色小镇增强转型升级活力. 浙江经济，2015（3）

[218]王润涛. 浙江特色小镇建设实践及启示. 政策，2016（10）

[219]陶涛，王仕满，钱锋. 新型城镇化进程中特色小镇发展路径探索——以常州市武进区嘉泽镇为例. 绿色环保建材，2016（10）

[220]赵磊. 云南省特色小镇规划思路探讨——以凤庆县鲁史旅游型特色小镇规划为例. 多元与包容——2012中国城市规划：会论文集（11，小城镇与村庄规划），2012（10）

[221]马光德，王腾辉，郑生钦. PPP模式在特色小镇项目的应用研究. 建筑经济，2017（8）

[222]邵力. 以城市文化为内涵的特色小镇规划探讨. 住宅与房地产，2017（2）
[223]廖茂林. 聚焦特色小镇融资. 银行家，2017（4）
[224]姜巍，张菀航. 全域旅游如何助力特色小镇魅力升级. 中国发展观察，2016（11）
[225]浙江省特色小镇规划建设政策解读. 杭州科技，2016（4）
[226]李小兰. “田园城市理论”视域下浙江特色小镇发展探究. 山西农业大学学报（社会科学版），2017-5-17
[227]张月蕾，张宝雷，杜辉，徐成立. “健康中国”背景下体育特色小镇创建路径研究. 哈尔滨体育学院学报，2018-1-25
[228]张锐. 国内特色小镇模式案例与研究. 住宅与房地产，2017（4）
[229]李跃军，林荫，姜琴君. 浙江省特色小镇旅游开发SWOT分析与对策. 中国名城，2017（4）
[230]张雪. 从郊区小镇到全球焦点——西湖云栖小镇的嬗变. 小城镇建设，2016（3）
[231]李柏文，曾博伟，宋红梅. 特色小城镇的形成动因及其发展规律. 北京联合大学学报（人文社会科学版），2017-4-20
[232]许灵然. 浙江省特色小镇品牌影响力评价及其传播优化策略. 浙江传媒学院，2017（5）
[233]魏伟忠. 从“一镇一品”到“特色小镇”. 浙江经济，2015（2）
[234]杨翠兰. 中国特色体育小镇发展研究——以浙江省为例. 河西学院学报，2017-10-25
[235]曾树鑫. 产业新城，特色小镇开发运营模式. 城市开发，2016（12）
[236]张莉. 特色小镇：城镇化空间布局新模式. 环境经济，2016（12）
[237]严晨安. 小镇大机会——杭州加快特色小镇建设推动创新转型. 杭州科

技，2016（4）

[238]浙江大学城乡规划设计研究院特色小镇规划案例介绍. 上海城市规划，2016（8）

[239]李巧丹. 大数据背景下体验营销在文化旅游营销中的应用探讨——以中山特色小镇为例. 特区经济，2017（7）

[240]王旭阳，黄征学. 推进中国特色小镇建设研究. 区域经济评论，2017（9）

[241]唐德淼. “特色小镇”定位与产业融合发展研究. 中国商论，2017（9）

[242]李强. 特色小镇是浙江创新发展的战略选择. 小城镇建设，2016（3）

[243]汤海孺. 空间的创新与创新的空间——浙江特色小镇的背景与生成机理. 规划60年：成就与挑战——2016中国城市规划：会论文集（16小城镇规划），2016（9）

[244]杨毅然，沈克印. 供给侧改革背景下我国体育特色小镇建设路径探讨. 体育成人教育学刊，2018（1）

[245]吴忠军，代猛，吴思睿. 少数民族村寨文化变迁与空间重构——基于平等侗寨旅游特色小镇规划设计研究. 广西民族研究，2017（6）

[246]李强. 特色小镇是供给侧结构性改革的浙江探索. 浙江林业，2016（3）

[247]王新汉，金秀芳. 关于民营金融机构参与特色小镇建设发展的思考. 小城镇建设，2016（11）

[248]陈侃侃，朱烈建，张建波，吴宦漳. 产业转型与特色营造导向下的浙江特色小镇规划探索——以光机电智造小镇为例. 规划60年：成就与挑战——2016中国城市规划：会论文集（16小城镇规划），2016（9）

[249]张鸿铭. 努力打造大众创业万众创新的乐园. 浙江经济，2015（4）

[250]凌晶晶. 溱潼特色小镇旅游资源分析及未来展望. 绿色科技，2017（1）

[251]李响，颜佳. 美丽乡村和特色小镇的趋异性研究. 中国农业信息，2016（12）

[252]冯云廷. 特色小镇建设的产业-空间-文化三维组织模式研究. 建筑经济，2017（6）

[253]朱莹莹. 特色小镇建设的路径演变，发展困境与对策研究——基于嘉兴市29个创建培育对象的分析. 嘉兴学院学报，2017-6-15

[254]李亚卿. 以小微古村镇为产业集聚地的苏南新型城镇化路径分析. 贵州社会科学，2014（2）

[255]雷兴国. 特色小镇建设背景下杭州市茶文化旅游推广策略研究. 浙江工业大学，2016（12）

[256]张灿强. 根植于乡土惠益于农民——刍议田园综合体建设. 农村工作通讯，2017（4）

[257]韦绍兰，王金叶，吕华鲜，黄华乾. 漓江沿岸大圩特色小镇旅游资源保护性开发研究. 河北旅游职业学院学报，2013-12-20

[258]樊城锋. 产业集聚基础上的特色小镇创建模式探索. 南京农业大学，2016（11）

[259]赵桂华. 浙江“特色小镇”建设的启示. 秦皇岛日报，2018-11-10

[260]刘海健. 乡村振兴战略与苏北特色小镇的产业融合. 淮阴工学院学报，2017-12-15

[261]薛江. 特色小镇的文化生命力——以艺术小镇为例. 建筑与文化，2017（1）

[262]詹真荣，王群. 略论特色小镇的制度启示和创新动力——以浙江省为例. 萍乡学院学报，2017-2-28

[263]“特色理念”在“特色小镇”打造“特色展馆”. 环境保护，2016（11）

[264]应瑛，王晋，文娜. 公众眼中的特色小镇——浙江特色小镇的互联网大数据分析. 浙江经济，2016（4）

[265]李冰. 博山特色小镇建设的PPP模式研究. 淄博师专学报，2017-3-28

[266]吴伟，唐晓璇，. 刘灿特色小镇的发展历程与展望. 中国园林，2017（9）

[267]毛旸昊. 杭州特色小镇建设的若干思考. 浙江经济，2016（6）

[268]余池明. 特色小镇土地政策分析及建议. 中国土地，2017（4）

[269]周觅. 全域旅游战略下特色小镇的建设发展研究——以郴州市汝城县热水镇为例. 中国商论，2017（12）

[270]江勇. 浙江省特色小镇与城市发展关联关系研究. 小城镇建设，2017（2）

[271]华芳，陆建城. 杭州特色小镇群体特征研究. 城市规划学刊，2017（5）

[272]吴小平，刘筱，费立荣. 全域视角下的最美乐居小镇规划——以《海口市演丰镇总体规划修编（2013—2030）》为例. 规划师，2016（12）

[273]马可. 老外如何建设小城镇. 温州人，2010（8）

[274]谭荣华，杜坤伦. 特色小镇“产业+金融”发展模式研究. 西南金融，2018（2）

[275]罗珊. 特色小镇集体经营性建设用地入市的现状，创新模式与路径优化. 山东农业大学学报（自然科学版），2017-9-12

[276]李猛. 特色小镇与全域旅游融合发展的意义与途径. 现代经济信息，2017（6）

[277]岳欣. 中国特色的“逆城市化”发展研究. 宏观经济管理，2016（11）

[278]许利峰. 我国乡村振兴战略背景下的特色小镇发展趋势. 建设科技，2018（1）

[279]王璐. 市场化运作过程中政府的角色重构——以龙泉青瓷小镇为例. 小城镇建设，2016（3）

[280]彭涛. 从科技园到特色小镇的发展与实践——以萧山信息港小镇和乌镇互联网小镇为案例. 中国房地产，2016（12）

[281] 兰建平. 建设工业特色小镇加快转型升级发展. 浙江经济，2015（10）

[282] 林文，郭明德. 特色旅游小镇品牌塑造策略. 现代营销（下旬刊），2016（12）

[283] 张译心，周宇斌. 借鉴欧美小镇探索中国特色小镇的优势. 山西建筑，2017（4）

[284] 钟建林. 特色小镇可借鉴“慢城”理念. 浙江经济，2015（11）

[285] 周蕾. 新常态下的特色小镇规划研究. 黑龙江科技信息，2017（2）

[286] 张卫丽，张川，吴海琴. 从美丽乡村到特色小镇的规划转型——以南京大塘金婚庆文创小镇为例. 规划60年：成就与挑战——2016中国城市规划：会论文集（15乡村规划），2016（9）

[287] 白云，范玉洁. 新型城镇化视野下特色小镇建设研究——以玉溪市大营街为例”. 玉溪师范学院学报，2016-9-20

[288] 杨梅，郝华勇. 特色小镇引领乡村振兴机理研究. 开放导报，2018-4-8

[289] 郭琴. 体育特色小镇建设二元模式的路径探索. 体育与科学，2018（3）

[290] 颜廷峰，孔月月. 我国特色小镇建设的创新路径. 金陵科技学院学报（社会科学版），2017-12-18

[291] 李庆红，汪晓云. 贵溪市特色小镇调研报告. 价格-刊，2017（6）

[292] 裴秋菊. 体育特色小镇该怎么建？. 中国文化报，2017-2-25

[293] 徐友全，姚辉彬，安强，赵海洋. 基于GRA-AHP的特色小镇PPP项目建设风险评价. 工程管理学报，2017-12-22

[294] 王晋，张庆丰. 特色小镇融资的十大模式. 城市开发，2017（4）

[295] 吴立强. 产城融合背景下我国体育小镇的发展路径分析. 体育成人教育学刊，2018（1）

[296] 兰秉强，周爱飞，叶芳. “三态融合”：山区特色小镇建设新路. 浙江经

济，2015

[297]刘海洲. 新型城镇化背景下的特色小城镇设计研究. 青岛理工大学，2016（6）

[298]包金. 浅谈园林美术中的建筑色彩. 现代交际，2016（8）

[299]唐慧. 国内特色小镇研究综述. 湖北经济学院学报（人文社会科学版），2018-3-15

[300]刘照普. 南京市溧水区产业新城PPP项目：推进特色小镇建设加快城市资源向外释放. 中国经济周刊，2017（1）

后　记

写给在特色小镇中裸奔的你

本书是若干篇关于特色小镇建设的调研报告合集，也是我过去两年来关于特色小镇建设研究的一个简单回顾与总结。2016年开始研究特色小镇时，特色小镇正风起云涌，可谓如火如荼。当前，特色小镇的热潮似乎有减退的迹象，但仍然不乏忠实粉丝的热烈追捧。

大量对特色小镇产生狂热情绪的人基本是先验地认为，特色小镇建设有补贴资金和优惠的土地、税收政策。的确，相关部委也出台了关于特色小镇建设申报通知，并且指出了要有一些优惠政策。但是，现实总是令人失望，从目前公布的两批特色小镇建设运行情况来看，国家层面优惠政策支持办法基本还停留在文件精神层面，一些地方政府跑在了国家有关部委前面，但由于国家部委政策方向的调整也开始转为观望，甚至开始怀疑和谩骂。

做过特色小镇调研的人基本都会遇到一个问题，国家关于特色小镇建设究竟有什么样的“补贴资金”。“补贴”成为一个关键词，“资金”成为一个核心词或目的词。一些规划设计、项目立项、招商引资、品牌宣传等基本都是围绕这两个词而来，仿佛没有这两个词，特色小镇建设根本就没有存在或出现的必要。一旦没有所谓国家补贴资金的落实，特色小镇建设似乎就成了一场“骗局”，一场政府、企业、银行和社会之间的“连环骗局”，没有任何一方愿意空手离场，也没有一个人愿意白白带资进场，国家层面的资金成为最被期待的“接盘侠”，地方政府的“土地优惠”和“资金补贴”成为最后的“冤大头”。

说到此处，我想问一个问题，如果没有补贴，特色小镇还能不能做，该不该做。不止一个地方政府或企业人员跟我抱怨，我们做特色小镇是响应国家号召，是为国家乡村振兴战略、全面建成小康社会、“两个一百年”奋斗目标做贡献，是为大众谋福利，补足人民对美好生活向往的短板，如果没有补贴那我们根本没必要去做，现在是被忽悠进来了。事实上，这样的抱怨不过是“偷鸡不成蚀把米”的牢骚而已。不排除一些企业家确实有情怀，确实想为国家和民族做点事情而投入到特色小镇建设当中。但是，如果冲着补贴来实现所谓的情怀，这里便已经没有情怀，有的只是交易。交易失败，就要愿赌服输，不可以肆意谩骂，妄加评论。说到底，特色小镇本身就是一个项目，项目本身是有风险的，项目本身必须要具有市场盈利能力，要具有不靠补贴的自生能力。如果没有补贴，特色小镇就不值得做，那么浙江特色小镇现象也许就不会产生。事实上，早期的浙江特色小镇也许正是由于没有补贴而获得了快速发展，大量特色小镇正是由于等待补贴、依靠补贴而裹足不前，甚至成为烂尾工程。

无疑，不关注特色小镇自生能力，而对补贴资金翘首以待的地方政府和企业正在进行一场特色小镇建设的裸奔运动。因为，如果没有国家补贴资金，可能某些特色小镇项目本身就是一场极具想象力的

“皇帝的新装”，因为他们的口号就是“没有案例讲实力，没有实力讲想象力，没有想象力讲社会关系资源调动力。”如果没有国家补贴资金，有些特色小镇可能会成为新的“墙上挂挂”工程、新的债务负担或新的政绩失败。事实上，这样的裸奔运动不只发生在特色小镇项目，也发生在各种各样的认为有补贴资金的项目上。

与其他任何项目一样，特色小镇建设中我们也需要一点心平气和与脚踏实地，需要一点真正的责任感、使命感和职业伦理精神。关于特色小镇建设的目的和意义，我们没必要什么词最新说什么，什么战略最新说什么。关于特色小镇建设的计划，我们没有必要语不惊人死不休，也没有必要非要实现多少经济效益和社会效益。我们要做的，事实上就是把握特色小镇建设的基本规律，按照国家指明的基本方向，立足特色小镇建设基本实际，围绕新兴产业社区综合体要素集聚的基本需求，一项一项逐个落实，稳步前行，可以设置一些追求短期利益的项目，也可以设置一些追求长期利益、经济集聚效益和人口规模效益的项目，而不是围绕国家补贴资金的要求来进行谋划。在世界特色小镇建设历史经验中，鲜有靠所谓的周密规划和资金补贴支撑起来的特色小镇。有的是，立足实际，立足前沿，脚踏实地，靠点点滴滴的人口集聚和产业集聚而支撑起来的美丽生活新社区。

你若盛开，清风自来。追逐潮流者必然被潮流所淘汰，脚踏实地者才更有机会打造长青基业。告别特色小镇裸奔的政府和企业，必将成为下一波财富和美好生活的创造者。

张晓欢
2018年6月于国务院发展研究中心